AF526459

내 고향 장성을 그리다

- 장성, 우리의 미래

글　소영호

시와사람

내 고향 장성을 그리다

2026년 2월 20일 인쇄
2026년 2월 25일 발행

지은이 | 소 영 호
펴낸이 | 강 경 호
인쇄·기획 | 도서출판 시와사람
등록 | 1994년 6월 10일 제 05-01-0155호
주소 | 광주시 동구 양림로119번길 21-1(학동)
전화 | (062)224-5319
팩스 | (062)225-5319
E-mail | jcapoet@hanmail.net

ISBN 978-89-5665-817-9 03810

값 10,000원

공급처 ■ 한국출판협동조합
경기도 파주시 적성면 가월리 1859- 9 한국출판협동조합 적성물류센터
주문전화 (02)716- 5616, 070- 7119- 1740

내 고향 장성을 그리다

■ 프롤로그

내 고향 장성을 그리다!

고향은 떠나야만 그리워지는 곳이 아니다.
나는 잠시 장성 밖에 있어도,
하루도 장성을 생각하지 않은 날은 없었다.

아침을 열 때,
지역 발전을 이끄는 중요한 선택을 앞둘 때,
사람을 만나고 이야기를 들을 때마다
내 마음은 어김없이 고향을 향했다.
지금의 결정이 누군가의 삶을
조금이라도 덜 무겁게 할 수 있을 지,
이 선택이 장성의 내일에 어떤 흔적으로 남을 지,
늘 그런 질문을 마주하며 살아왔다.

어떻게 하면

장성의 얼굴을 새롭게 그릴 수 있을까?
단지 덧칠만 하는 그림이 아니라,
삶을 그 중앙에 넣고 행복으로 포장하는 그림을...
생업에 활력이 솟고,
어르신의 하루가 존중받으며,
아이와 청년이 자연스럽게 대를 물려받는,
포근한 장성을...

나는 아직 완성된 장성을 그리지 못했다.
그래서 오늘도 조심스럽게 선을 긋고,
귀 기울이며,
사람들의 이야기 앞에 멈춰 선다.
속도보다 방향을,
말보다 책임을 먼저 생각하며.

이 책은
완성된 결론이 아니라

함께 그려가자는 조용한 제안이다.
고향을 사랑하는 방식은
소유가 아니라 책임이라는 것을,
이 글을 통해 말하고 싶다.

그래서 오늘도 나는
내 고향 장성을 그린다.
혼자가 아니라,
장성군민과 함께.

2026. 소영호

차 례

2 삶 - 사람과 일에서 배우다

3 비전 - 장성의 내일을 그리다

부록1. 김대중재단 장성지회장을 맡으며

부록2. 언론에 비친 소영호

▲ 장성 특산품 장성감

1

뿌리 – 장성에서 시작되다

▲ 장성 황룡강 풍경

▲ 장성 황룡강 풍경

태어난 자리, 삶의 시작

사람은 태어날 때부터 길 위에 서 있다. 다만 어디로 향하는 지가 다를 뿐이다.

나는 1969년 6월 21일, 유난히 뜨거웠던 여름날, 장성군 서삼면 모암리 138번지에서 태어났다.

그해 여름이 얼마나 뜨거웠는지, 어른들은 아직도 그 이야기를 한다. 나는 그 기억이 없지만 '뜨거웠다'는 말 하나로 내가 태어난 계절과 그 시절의 삶을 짐작하게 된다. 그 한마디 속에는 당시 사람들의 고단함과 땀으로 하루를 버텨내던 시간들이 함께 존재해 있었다.

소동철·임양순 님의 5남매 중 넷째, 셋째 아들로 태어났다.

두 형과 누나, 그리고 여동생 사이에서 나는 늘 중간에 끼어 있는 아이였다. 앞으로는 따라가야 했고, 뒤로는 양보해야 했다. 이것이 훗날 내 삶의 태도가 되었는지도 모른다. 먼저 나서기보다는 상황을 살피고, 조용히 자기 몫을 찾는 태도 말이다. 나는 그저 나서기 싫어하고, 묵묵히 따라가는 아이였다.

나는 순하고 말 잘 듣는 착한 아이였다. 어른들의 그 말씀에 더욱 착한 척하기도 했던 건 아닐까 하는 생각이 든다. 그 시절의 나는 어른들의 기대에 부응하는 일이 가장 현명한 선택처럼 느껴졌는 지 모른다.

우리 집은 작은 편이었다. 할아버지가 일찍 돌아가셔서 아버지가 동네 분들의 도움을 받아 집을 지었다고 들었다. 그래도 아버님이 대단하시다. 그 젊은 나이에 집을 만드신 거 아닌가? 나라면 못했을 일이다.

방 두 개와 광(창고)이 하나였다. 할머니를 포함하여 8명이 살기에는 좁았다. 그래도 사람의 온기로 가득 차 좋았다. 집의 크기보다 그 안에 흐르던 가족의 숨결이 더 크게 느껴지던 공간이었다.

▲ 초등학교 소풍 시절

부자 친구가 당연히 부러울 정도로 형편은 빠듯했지만, 어린 시절은 행복했다. 대다수 친구들은 여건이 비슷했고, 그 당시 나는 가난을 걱정할 만큼 속이 들지는 않았다. 어린 아이가 무엇을 알겠는가, 그저 놀기에 바빴었던 것 같다. 하루가 어떻게 지나가는지도 모를 만큼, 시간은 늘 짧았고 놀이는 많았다.

5남매가 줄줄이 학교에 다녔기 때문에 부모님은 힘드셨다. 납부금, 교과서와 공책, 학비와 준비물 하나 하나가 부담이 되던 시절이었다. 그런데도 부모님은 납부금만큼은 단 한 번도 밀리지 않으셨다. 제 때에 못 내는 아이가 많았던 시절이었다.

그것이 얼마나 어려운 일인지 생각하지도 않았고 알지도 못했다. 그저 당연한 줄 알았다.

하지만 시간이 지나 부모가 되고, 삶의 무게를 조금이나마 알게 됐을 때, '그 일이 쉬운 일이 아니었구나'라는 것을 알았다. 그때서야 비로소 부모님의 무거운 책임과 말 없는 헌신이 내 삶의 가장 단단한 바탕이 되어 있었음을 깨달았다.

작고 가난했던 집의 온기

갖지 못한 것은 많았지만 견디는 법을 일찍 배웠고, 부족했지만 그 안에는 사람이 있었다.

언제부터 속옷을 입었는 지는 기억이 없다. 단지 내가 기억하는 건 어머니가 손수 만들어 주신 팬티가 나의 첫 팬티라는 것이다. 어머니의 마음을 알았기에 나는 사달라고 떼를 쓰지 않았고, 잘 입고 다녔다.

아무도 몰랐기에 창피할 일도 아니었다. 그 팬티에서 천의 질감보다도 어머니가 밤마다 바느질하며 보냈을 시간이 먼저 떠오른다. 그 마음을 알고 있었기에, 나는 어린 아이였지만 사달라고 조르지 않았다.

하지만 신체검사를 받던 날은 조금 달랐다. 모두가 속옷 차림으로 한 줄로 서 있던 그 공간에서 광목으로 만든 속옷을 입고 있는 아이는 나 혼자였다. 오마이 갓뜨!!! 너무 창피했다. 쥐구멍이라도 있으면 숨고 싶은 심정이었다. 그 부끄러움은 지금도 마음 한쪽에 작게 남아 있다. 그러나 나는 '아이에게 부끄러움은 상처가 아니라 기억의 깊이로 남는다'는 걸 알았다.

▲ 학교 교정에서 친구들과 함께

운동화는 나에게 사치였다. 친구들이 신던 운동화가 그저 부러울 뿐이었다. 계란이나 소시지 반찬은 도시락에서 보기 힘들었다. 친구에게 얻어먹으면 그날은 계 탄 날이었다.

꽁보리밥을 먹던 기억이 유난히 많다. 그래서인지 지금도 나는 보리밥을 좋아하지는 않는다. 웰빙이 대세지만 나는 쌀밥이 좋다. 그 쌀밥에 대한 취향은 입맛이 아니라 어쩌면 그 시절에 대한 작은 반항이었는지 모른다.

연탄보일러가 들어왔을 때 엄마도 좋으셨겠지만, 사실은 내가 더 좋아했던 것 같다. 산에 갈퀴나무 하러 가시는 엄마를 따라가지 않아도 되기 때문이었다. 그때의 따뜻함은 단순히 방바닥의 온도가 아니라 아이 하나를 산으로부터 자유롭게 떼어놓을 수 있다는 안도감이었다.

땔감이 떨어질 때쯤이면 우리 동네 어머니들은 갈퀴나무를 하러 산으로 가시곤 했다. 엄마도 그러셨다. 혼자 가시면 무서우시니까 꼭 같이 가자고 하신다. 안 갈 수도 없고, 가면 심심하고, 일이 끝나도 바로 내려올 수도 없었다.

산림감시원들이 무서웠다. 나무도 뺏기고 벌금도 내기 때문에 들키지 않고 집까지 오려면 어두워질 때까지 기다려야 했다. 정말 미칠 노릇이었다. 그러니 얼마나 좋았겠나?

그 해방감은 상상에 맡긴다. 아내는 이런 이야기를 들을 때마다 웃으며 말한다.

"같은 나이인데 마치 우리 아버지 세대 이야기를 듣는 것 같아."

그 말 속에는 놀라움과 안쓰러움이 함께 섞여 있었다. 나는 그 말에 고개를 끄덕인다. 나의 유년은 분명 같은 시대이면서도 조금 다른 시간 속에 있었기 때문이다.

이 시절을 증명할 사진은 없다. 가정형편이 어려웠던 우리에게 사진을 찍는다는 것은 기념이 아니라 사치였다. 그래서 나는 사진 대신 기억으로만 그 시절을 꺼내야 한다. 그만큼 내 유년은 지금과는 전혀 다른 시간 속에 있었다. 그리고 그 시간은 사라지지 않고 지금의 나를 만들고 있다.

돌아보면, 모두가 기적이었다

아프다는 건, 어쩌면 살아 있다는 증거이며, 그때 살아 있었기에, 지금의 내가 있다.

나는 대덕초등학교 10회로 입학했다. 작은 학교였다. 1학년 전체가 35명, 딸랑 한 반이었다. 졸업 무렵에는 30명이 남아 있었다. 이렇게 6년을 같이 다녔으니 얼마나 친했겠나. 부모님, 형, 누나, 동생, 심지어 개가 몇 마리인지, 어떻게 생겼는지, 숟가락 숫자까지 다 알 정도였다.

학교는 작았지만 아이들 사이의 거리는 지금 생각해도 놀라울 만큼 가까웠다. 서로의 삶이 자연스럽게 이어져 있던 시절이었다.

무명에 가까웠던 대덕초가 장성군에서 주목받기 시작한 것은 우리 친구들이 중학교에 진학할 무렵이었다. **졸업생이 30명밖에 안 된 대덕초에서 중학교 진학할 때, 420명인 장성중학교에 전체 1등과 2등, 비슷한 숫자인 장성여중에 전체 1등과 4등을 차지했다. 그야말로 쇼킹한 사건이었다.**

도대체 어떤 학교길래? 아무도 주목하지 않던 작은 학교가 한순간에 이야깃거리가 되었다. 그 주인공이 나는 아니었지만, 유난히 공부를 잘했던 친구들 덕분에 나 역시 괜히 어깨가 으쓱해졌던 기억이 있다. 작은 학교라는 이유로 늘 낮게 보이던 시선이 그때만큼은 조금 달라졌던 것 같다.

나는 초등학교 때 공부를 잘하지도 못했고, 체력도 약했다. 병치레가 잦았다. 지금 생각해 보면 위험한 순간도 여러 번 있었다. 그때는 그게 위험인 줄도 몰랐다. 아이에게는 아픔도, 위험도 대개 지나가는 하루의 일부였기 때문이다. 장티푸스에 걸렸는데 혼자서 4km를 자전거 타고 약방에 갔다. 고열에, 제대로 먹지도 못해 많이 힘들었던 기억이 있다. 지금이라면 절대 못 할 일이다. 그날의 더위와 어지러움, 그리고 끝없이 이어지던 길이 지금도 가끔 악몽처럼 떠오른다.

비가 소리 없이 내리던 캄캄한 저녁, 갓 새끼를 낳은 소의 뒤처리를 위해 불빛이 필요했다. 그 시절, 밖에서 전기가 필요하면 두꺼비집에서 불법으로 전기를 끌어다 쓰던 때였다.

나는 비를 맞으며 불법으로 끌어다 쓰던 전등을 들고 있었다. 한참을 그렇게 있었는데, 갑자기 '번쩍하는 불빛과 퍽하는 소리'와 함께 나는 아무 기억이 나지 않았다. 그대로 기절해 버린 것이다. 내가 깨어난 건 서너 시간이 지난 뒤였다. 그 시간 동안 깨어나지 않는 아이를 보면서 부모님은 얼마나 놀라고, 얼마나 우셨을까? 내가 깨어났을 때, 어머니의 눈은 퉁퉁 부어 있었다. 그 눈을 보며 나는 아무 말도 하지 못했다. 그날의 침묵은 지금 생각해도 내 삶에서 가장 무거운 순간 중 하나였다.

하지만 아이는 아이였다. 전기에 맞아 오른손을 한 달 정도 쓰지 못했다. 그동안은 숙제를 안 해도 선생님께서 혼내지도 않았다. 지금 생각하면 웃을 수 있지만, 죽었어도 뭐라 할 말이 없는 일이었다. 이렇게 건강하게 잘 살고 있으니 다행이지 싶다.

돌아보면 그 시절의 나는 수없이 많은 생명의 경계선을 아슬아슬하게 넘나들고 있었다. 그럼에도 지금 여기까지 살아와 있다는 사실이 이제는 기적처럼 느껴진다.

그래서 나는 안다. 지금의 내가 당연히 여기고 있는 하루하루가 사실은 수많은 인연과 보호, 그리고 부모의 눈물 위에서 있다는 것을.

▲두 아들과 함께 한 시간

탁구대 앞에서 배운 첫 승부

지는 법을 알게 되면서 나는 단단해지고 조금씩 아주 조금씩 앞으로 가고 있었다.

나는 어렸을 때 주목받지 못하는 그저 그런 평범한 아이였다. 운동에도 소질이 전혀 없었다. 달리기는 항상 6명 중 꼴등, 턱걸이는 0개, 뜀틀도 어렵고, 멀리뛰기도 안되고, 체육 시간이 정말 싫었던 기억이 가득했다.

운동회날은 학교에 가고 싶지 않았다. 부모님들까지 다 오시니 한없이 작아지고 마음 한켠이 괜히 움츠러들었다.

▲ 미주리 한인체육대회 탁구선수팀 출전

그 시절의 나는 눈에 띄지 않는 자리에 머무는 것이 익숙한 아이였다. 그러다 4학년 때 우연히 turning point가 생겼다.

학교에서 탁구선수로 선발된 것이었다. 체육을 못했는데, 왜 선발됐을까? 선생님, 한 명 정도는 말 잘 듣는 학생을 뽑아도 된다는 생각이었단다. 한 명은 못해도 팀 운영에 지장은 없다는 말씀이신거다. 어쨌든 탁구는 유난히 재미있었다. 친구들과 공을 주고받는 시간이 그저 좋았다. 잘해야겠다는 욕심보다 계속해보고 싶다는 마음이 나를 탁구대 앞으로 불러 세웠다. 놀이처럼 시작한 탁구는 어느새 장성군 대표가 될 정도로 실력이 늘었다. 그때 처음으로 '내가 할 수 있는 것'이 하나 생겼다는 느낌을 받았다.

전남소년체전에 장성군 대표로 출전했다. 대진 추첨을 가시면서 선생님께서 "광산군(현 광산구)과는 초반에 만나지 않았으면 좋겠다"고 말씀하셨다. 그런데 1회전 상대가 광산군이었다.

말하지 않아도 그 순간의 공기는 이미 무거워져 있었다. 우리는 애써 태연한 척했지만, 몸은 이미 얼어 버렸다. 연습하는 걸 보니, 우리와는 차원이 달랐다.

그런 상태에서 내가 1번 선수로 나갔다. 결과는 참담했다. 도저히 몸이 말을 듣지 않았다. 21 : 6, 21 : 7. 완패였다. 나는 펑펑 울었다. 분함과 창피함, 그리고 스스로에 대한 실망이 섞여 있었다. 사실 탁구를 시작하고 1년 동안은 이기기만 했었다. 장성군 안에서 고만고만한 친구들과 겨뤘으니 그럴만도 하겠다는 생각이 든다. 그랬던 우리가 그렇게 처참하게 졌으니 충격이 너무 컸었다. 우물안 개구리가 어찌 넓은 세상을 알았겠는가.

다행스럽게 다른 친구들이 완패를 면한 것은 우리에게 위안이 되었다.

비록 우리가 지긴 했지만 생각해 보면, 탁구는 내 인생에서 중요한 전환점이 되었다. 무엇이든 정말로 열심히 하면 결과가 나온다는 사실을 탁구를 통해서 알게 되었기 때문이다. 그 깨달음은 라켓을 내려놓은 뒤에도 오래 남아 있었다.

탁구를 하면서 그렇게 싫어하던 공부도 조금씩 시작하게 되었다. 초등학교 3학년 때까지 꼴찌에 가까웠던 성적은 천천히, 그러나 분명하게 상위권으로 올라가기 시작했다. 그렇다고 공부를 탁구처럼 열심히 하진 못했다. 재미있지는 않았기 때문이다. 하지만 나는 알고 있었다. 재능보다 중요한 것이 꾸준함이라는 사실을.

한 사람을 만나, 길이 생기다

배운다는 것은 누군가의 등을 따라 걷는 일이며, 그 믿음 하나가 한 사람의 방향을 바꾼다.

6학년 때, 우리가 고대했던 분이 우리 담임이 되셨다. 그분은 박균헌 선생님이시다. 공부보다는 운동과 음악을 많이 한 것 같은데, 우리 스스로 공부하게 유도하셨던 것 같다. 선생님은 독서를 강조하였지만 공부를 강요하지 않으셨다. 다그치지도, 비교하지도 않으셨다. 그런데 이상하게도 아이들은 선생님 앞에서 스스로 책을 펴게 되었다.

공부를 해야 한다는 말보다 사람으로서 먼저 서야 한다는 무언의 가르침이 교실 안에 늘 흐르고 있었기 때문이다.

사모님도 천사 같았다. 촌티가 뚝뚝 흐르는 우리 친구들을 따뜻하게 챙겨주셨다. 참 좋으신 분들이셨다.

"선생님·사모님 감사합니다. 사랑합니다."

그 인사는 어린 시절의 예의가 아니라 지금까지 마음속에 남아 있는 진심이다. 그분들이 보여주신 따뜻함은 말보다 오래 남았다. 우리는 사회에 나와서도 선생님 내외분을 가끔 초대해 시간을 보내며 그날의 기억을 되짚으며 추억여행을 하곤 한다. 올해도 꼭 그랬으면 하고 희망해 본다.

초등학교 졸업사진 사진 속에는 그 시절의 내가 서 있고, 그 곁에는 나를 처음으로 믿어주던 어른이 함께 있다.

사진은 말을 하지 않지만, 그때의 공기와 마음은 지금도 또렷하다. 참 스승이란 이런 분이구나 생각했다. 선생님 덕분에 나는 처음으로 '되고 싶은 사람'이 생겼다. 내 꿈은 초등학교 선생님이었다. 잘 가르치는 사람이 아니라 아이 한 명 한 명을 사람으로 대하는 어른. 누군가의 인생에 조용히 방향을 내어주는 존재가 얼마나 큰 힘이 되는지 그때 처음 알았다. 그렇게 나는 비로소 알게 되었다. 태어날 때 주어진 조건이 삶의 전부가 아니라는 것을... 가난했던 집과 약했던 몸, 늦게 터진 공부는 나를 멈추게 하기보다 어디를 기준으로 살아야 하는지를

▲ 초등학교 졸업사진

되묻게 만들었다.

이 질문은 나를 좌절시키지 않았다. 오히려 스스로를 돌아보게하고, 앞으로 나아갈 이유를 만들어 주었다. 그 질문의 답은 언제나 멀리 있지 않았다. 내가 자라온 골목과 밭의 흙냄새, 말없이 등을 내주던 부모의 뒷모습 속에 있었다. 가장 평범해 보이던 풍경들이 실제로는 내 삶을 떠받치는 기둥이었다는 것을 시간이 지나서야 알게 되었다.

삶의 방향을 정해야 할 때마다 나는 다시 그 교실과 그 골목과 그 부모님의 등을 떠올렸다. 그리고 지금에 와서야 확신한다.

그 시절 한 분의 스승과 말없이 등을 내주던 부모님 덕분에 나는 길을 잃지 않을 수 있었다는 것을...

꿈보다 먼저 배운 삶

선택할 수 없었기에 하고 싶은 것보다, 해야 할 것이 먼저였다.

나는 어릴 때부터 큰 꿈을 꾸는 아이는 아니었다. 누군가처럼 막연히 커다란 미래를 그리기보다는, 그저 하루를 무사히 넘기고 부모님께 걱정을 끼치지 않는 것, 그것이 내가 스스로에게 세운 가장 큰 목표였다.

그 시절의 나는 꿈을 말할 만큼 생각이 있던 아이가 아니었다. 오늘을 무사히 건너는 일이 내일을 생각하는 것보다 먼저였다. 지금 생각해 보면 그 목표는 꿈이라기보다 다짐에 가까웠다.

가난한 집안에서 아이로서 할 수 있는 최선의 배려 같은 것이었다. 말하지 않아도 아이들은 집안의 사정을 안다. 그리고 그 사정은 아이의 마음속에서 자연스럽게 기준이 된다.

집안 형편은 늘 선택을 제한했다. 무언가를 하고 싶다고 말하기 전에 나는 먼저 '그게 가능한 일인가'를 생각해야 했다. **하고 싶다는 말은 때로는 사치가 되었고, 가능하다는 확신이 있을 때에만 입 밖으로 나올 수 있었다. 원하는 것보다 가능한 것을 먼저 떠올리는 습관은 어릴 때부터 자연스럽게 몸에 배었다.** 그래서 나는 하고 싶은 것보다 할 수 있는 것을 고르는 법을 아주 일찍 배웠다. 그 선택은 늘 아쉬움을 남겼지만, 동시에 삶을 버티게 하는 힘이기도 했다.

중학교에 진학하면서 생활은 더 바빠졌다.

왕복 20Km가 넘는 거리를 대부분 자전거로 다녔다. 비가 오는 날만 버스로 다녔던 기억이다.

아침이면 자전거 페달을 밟으며 그날의 몸 상태를 가늠했고, 해가 질 무렵에는 다리가 풀린 채 집으로 돌아왔다. 힘들다는 생각보다 '이게 내 몫이구나'라는 마음이 먼저였다.

선택지가 없다는 사실은 오히려 마음을 단순하게 만들었다. 버스를 타고 싶은 날도 있었다. 하지만 비가 오지 않으면 어려웠다. 버스비라도 아껴야 했던 시절이었다. 다행히 아침에 비

▲ 학창시절 친구들을 만나다

가 오면 버스를 타고 갔다가, 오후에 그치면 집까지 걸어가곤 했다.

버스비로 뽀빠이 5봉이나 자야 2봉을 사 먹으며 걷는 길은 그리 멀게 느껴지지 않았다. 먹고 싶던 과자를 맘껏 먹을 수 있어 좋았던 기억밖에 없었다. 그것을 행복이라 말한다면 이해할까? 하지만, 나는 너무 행복했던 시간이다.

그 길 위에서 나는 계산을 배웠고, 포기를 배웠으며, 그럼에도 웃을 수 있는 방법을 배웠다. 그 모든 것은 누가 가르쳐주지 않아도 삶이 먼저 알려준 것이었다.

부러움이 꿈이 되던 날

그날 처음으로, 나는 삶의 방향을 보았다.

중학교 1학년 어느 날, 집에 돌아오는 길이었다. 서삼면사무소(현 서삼면 행정복지센터) 근처를 지나던 중에 우연히 테니스장을 보게 되었다. 4인 가족이 테니스를 하고 있었다. TV에서나 봤던 하얀 테니스복을 입고, 웃으며 공을 주고받는 모습이 이상할 만큼 오래 눈에 들어왔다.

그 풍경은 너무나 특별해서 내 마음속에서 오랫동안 사라지지 않았다. 그날의 풍경은 지나가다 스쳐본 장면이 아니었다.

발걸음은 이미 멀어졌는데 눈길은 계속해서 그 테니스장 한 가운데에 머물러 있었다.

라켓이 오가고, 웃음이 솟고, 공이 바닥에 튀는 소리까지, 이상하리만큼 또렷하게 남아 있었다.

그때 나는 그 장면이 부러웠다. 그래서 마음이 그렇게 오래 머물렀던 것 같다. 내가 살아오던 풍경과는 전혀 다른 삶의 한 장면이었지만, 멋있다라는 생각이 들었다.

처음으로 이런 생각이 들었다.

'나도 언젠가 내 가족과 저렇게 살 수 있을까?'

그 감정은 질투라기보다 부러움이었고, 그 부러움은 곧 목표가 되었다.

막연했지만 분명한 방향이었다. 그 질문은 답을 요구하지 않는 질문이었다. 당장 가능할 지, 현실적인지 따지기보다는 그저 마음 한편에 조용히 남아 앞으로의 삶을 슬쩍 밀어주는 힘 같은 것이었다.

그날 이후 나는 처음으로 '지금의 삶'이 아니라 '앞으로의 삶'을 떠올리게 되었다. 꿈이라고 부르기엔 아직 너무 조심스러웠지만, 적어도 부러움이 머무는 방향만큼은 분명해졌다.

다음 날, 학교 가서 반장이었던 친구에게 그 이야기를 꺼냈다. 그러자 친구는 "그 가족이 우리 가족이야. 아버지가 서삼면

부면장이셔서 주말에 테니스를 가끔 하곤 해"라고 말했다.

그 말은 의외로 크게 들렸다. 소리의 크기가 아니라, 의미의 무게가 그랬다. 그 친구는 그냥 하는 말이었지만, 내 마음속에서는 부러움의 파도가 한동안 가라앉지 않았다. 그때 나는 처음으로 부러움에 이유가 있다는 것을 알았다.

그 삶은 우연히 만들어진 풍경이 아니라, 어떤 직업과 어떤 선택 위에 올려진 결과라는 사실을 처음으로 깨달았다.

그 순간 삶의 한 장면이 내 마음속에 선명하게 그려졌다. 안정적인 삶이 가능하고, 가족이 하고 싶은 것을 할 수 있는 직장, 그 직장이 공직이었다. 그 깨달음은 갑작스럽지 않았다.

조용히, 그러나 분명하게 내 마음속에 자리를 잡았다.

가족이 웃으며 시간을 보내는 삶, 그 일상을 가능하게 하는 토대가 어디에서 비롯되는지도 조금은 알 것 같았다.

그리고 그 출발점인 '공무원'이라는 직업이 처음으로 내 마음속에 자리 잡았다. 그것은 야심 찬 꿈도, 큰 포부도 아니었다. 다만 가족을 기준으로 한 삶, 평범하지만 무너지지 않는 하루를 지켜낼 수 있는 길로서 조심스럽게 떠오른 선택이었다.

그날의 나는 아직 공무원이 되기 위해 무엇을 해야 하는지도 몰랐고, 그 길이 얼마나 멀고 험한지도 알지 못했다. 하지만 분명한 것은 하나였다. 부러움으로 시작된 그 장면이 동경을 거쳐 방향이 되었고, 그 방향은 이후 내 삶의 선택들을 조용히 끌기 시작했다.

선택 앞에서 흔들리다

도망치지 않았다는 것만으로도, 그때의 나는 충분히 애쓰고 있었다.

고등학교 진학을 앞두고 또 하나의 선택 앞에 섰다. 광주냐, 장성이냐였다. 광주로 진학하고 싶었지만, 가정 형편상 어려웠다. 그 선택지는 단순한 학교의 문제가 아니었다. 어디서 공부할 것인가보다 어떤 삶을 감당할 것인가에 더 가까운 질문이었다.

그때 막 개교한 장성고등학교는 성적이 우수한 학생들에게 기숙사와 학비를 지원해 주고 있었다. 부모님께는 뿌리칠 수 없는 좋은 조건이었다. 부모님의 고민은 길지 않았다. 그리고 그 고민의 무게는 고스란히 내 선택이 되었다.

나는 장성고등학교의 첫 입학생이 되었다. 그 선택은 꿈을 쫓기 위한 선택이라기보다 부담을 줄이기 위한 정해진 길이었다. 그때 나는 꿈보다 먼저 가족 형편을 떠올리는 법을 이미 알고 있었다.

공부는 여전히 쉽지 않았다. 건강한 편이 아니었다. 특히 고3이 되자 몸도 자주 아팠고 집중력도 떨어졌다. 아무래도 스트레스를 많이 받았던 것 같았다.

책상 앞에 앉아 있어도 머릿속은 늘 복잡했다. 공부를 하고는 있었지만 마음은 늘 다른 곳에 가 있었다. 결국, 대학 학력고사에서 원하는 결과를 얻지 못했다. 그때 나는 처음으로 분명한 좌절을 마주했다.

재수를 하고 싶다고 아버지께 말씀드렸을 때, 아버지는 단호하셨다. "후기대학에 가라." 나는 처음으로 아버지의 말씀을 따르고 싶지 않았지만, 결국은 순응할 수밖에 없었다. 그 순간의 마음은 설득이 아니라 체념에 가까웠다.

그렇게 선택한 대학이 경기대학교였다. 원래 이과였던 내가 문과 계열인 행정학과를 지원했다. 떨어지면 당연히 재수를 시켜주시겠지 하는 마음이었다.

하지만 운 나쁘게도 합격하였다. 그 합격은 기쁨이 아니라 오히려 또 다른 고민의 시작이었다. 다녀야 되나, 말아야 되나 고민 되었다.

서울대에 진학한 동네 친구는 늘 비교의 대상이었다. 술기운 섞인 아버지의 핀잔은 내 마음에 오래 남았다. 여운처럼…

"왜 내 자식들은 누구 하나 공부 잘하는 놈이 없냐? 친구 아들은 서울대도 가는데…"

그 말은 술자리에서 흘려보내기에는 너무 날카로웠다. 아들 마음 속에서 쉽게 빠지지 않는 가시처럼 남았다.

▲ 장성고등학교 졸업식 날

그 무렵 나는 대학이라는 간판에 지나치게 집착했던 것 같다. 친구들과 비교하며 스스로를 깎아내렸다. 학교에 다니기 싫었으니 공부는 당연히 뒷전이었다. 도피처였을까? 탁구동아리에 들어갔다. 그냥 운동하면서 땀 흘리고 끝나면 술잔을 기울였던 날들이 상당히 오래됐다.

하지만 이런 시간들이 꼭 낭비적인 것은 아니었다. 몸을 움직이며 생각을 잠시 내려놓을 수 있었고, 사람들 속에서 나 자신을 조금은 숨길 수 있었기 때문이다.

시간이 지나면서 불만과 콤플렉스는 점차 작아졌다. 오히려 '계속 이렇게 살거야? 그럼 안되잖아' 라고 나를 다그치게 됐다. 그 질문은 누군가의 말이 아니라 내 안에서 스스로에게 던진 첫 번째 엄중한 질문이었다.

새로운 도전을 택했다. 그래야 한다고 생각했다. 학교에 있는 행정고시반에 들어갔다. 돌아보면, 이것이 나의 첫 번째 인생 전환점이 된 것 같다.

혼돈과 상실의 아픔 속에서도 버텨낼 수 있었던 것은 어릴적 고향에서 배운 '버티는 법'의 덕분이었다. 그 버티는 법은 화려하지 않았지만, 쉽게 무너지지 않는 나의 삶의 방식이 되어 이후의 모든 선택을 조용히 떠받치고 있었다.

삶의 기준이 바뀌던 날

그때 나는 비로소, 무엇을 위해 살아야 하는지를 알게 되었다.

고향은 내가 어디로 가야 하는지를 말해주지 않았다. 다만 어디를 기준으로 살아야 하는지는 늘 조용히 가르쳐 주었다.

나는 그 기준을 품은 채 다음 시간으로 걸어 들어갔다.

그 기준은 앞서 나가라고 등을 떠미는 힘이 아니라, 흔들릴 때마다 다시 돌아와 서게 만드는 보이지 않는 중심 같은 것이었다.

군 복무를 마치고 다시 행정고시를 준비하고 있던 어느 날, 갑작스럽게 어머니가 뇌경색으로 쓰러지셨다는 소식이 왔다. 청천벽력이었다. 나를 지탱하고 있던 큰 기둥이 송두리째 무너지는 것 같았다. 그 소식 하나로 시간이 멈춘 듯했고, 그동안 쌓아 왔던 모든 계획이 한순간에 공중으로 흩어지는 것 같았다.

어머니는 내게 늘 생각할수록 마음이 아픈 분이셨다. 자식을 위해 자신의 삶은 늘 뒷전이었다. 일만 하며 살아오신 분이었다. 아픈 것 하나 내색하지 않고, 힘들다는 말조차 쉽게 하지 않으셨다. 그런 어머니가 하우스에서 일하시다 쓰러지신 것이다.

그 사실 앞에서 나는 한없이 작아졌다. 그동안 당연하게 여겨왔던 어머니의 하루가 사실은 얼마나 무거웠는지를 그제야 떠올리게 되었다. 미리 더 신경을 썼더라면 막을 수도 있었을 텐데…. 너무 늦었다. 아무것도 해드릴 것이 없는 나 자신이 미웠다. 내가 너무 무심했던 것이 한스러웠다.

'미안해 엄마, 내가 잘못했어요'라고 자책했지만 이미 늦었다. 후회는 언제나 이렇게 시간을 거슬러 올라가지만, 현실은 한 발짝도 뒤로 물러서지 않는다.

어쩌면 그동안 나는 '말로는 어머니를 위한다고 하면서 어머니의 고단함을 당연하게 여겼던 건 아닐까'라는 생각이 머릿속을 떠나지 않았다.

그 질문은 나를 괴롭고, 도망칠 수 없게 만들었다. 더 이상 스스로 변명할 수도 없었다.

방학 동안 나는 광주로 내려와 어머니 곁을 지켰다. 병실에서 보내는 시간은 낯설고도 무거웠다. 말 한마디, 손길 하나에도 마음이 먼저 무너져 내렸다. 침대 곁에 앉아 있는 것만으로도 가슴이 꽉 막힌 듯했고, 시간은 유난히 더디게 흘렀다.

하지만 현실은 녹록치 않았다. 어머니는 결국 편마비가 왔고, 52세라는 너무도 젊은 나이에 집 안에서만 지내야 하는 삶을 살게 되었다. 그 사실은 내 마음 깊은 곳까지 흔들어 놓았다.

앞으로의 삶을 어떻게 살아야 할지, 무엇을 선택해야 할지 그동안 붙들고 있던 모든 기준이 잠시 멈춰 선 것 같았다.

그 순간, 나는 처음으로 삶의 기준을 다시 생각하게 되었다. 앞으로 얼마나 더 나아갈 수 있는지가 아니라, 누구를 위해 어떻게 살아야 하는지에 대한 질문이었다. 그 질문은 야망을 묻는 질문이 아니었다. 책임을 묻는 질문이었고, 도망칠 수 없는 질문이었다.

그때부터 나에게 고향은 추억이 아니라 책임이 되었다. 머물러야 할 장소가 아니라 지켜야 할 이유가 되었다. 그리고 그 이유는 이후의 모든 선택에서 내가 흔들릴 때마다 다시 돌아가

▲ 군대 생활

게 되는 기준이 되었다. 그 기준은 선택의 순간마다 나를 다른 방향으로 이끌었다.

어머니를 곁에서 보살펴야 하는 현실과 책임 앞에서 나는 더 이상 서울이라는 선택지를 마음 편히 바라볼 수 없었다. 가장 가까이에 있어야 할 사람은 이미 정해져 있었고, 그 곁으로 돌아가기 위해 내가 선택할 수 있는 길은 공부와 고향뿐이었다.

그 선택은 꿈을 좇는 결정이 아니라, 삶을 감당하겠다는 조용한 다짐에 가까웠다.

흔들리면서도 돌아서지 않았다

가장 어려운 길이 늘 가장 정직한 길은 아니지만,
나는 그 길을 택했다.

고향으로 돌아가야 한다는 마음은 꿈의 크기를 줄이는 선택이 아니라, 삶의 책임을 외면하지 않기 위한 결정이었다. 책상 앞에서 미래를 그리면서도 마음 한편에는 늘 어머니의 모습이 겹쳐졌다.

병실의 공기, 움직일 수 없는 한쪽 몸, 말없이 참고 계시던 어머니의 얼굴. 그 모습을 떠올릴 때마다 나는 더 멀리 가기보다 더 가까이 있어야 한다고 스스로 설득했다. 그 선택은 나를 늦추었을지 몰라도 부끄럽게 하지는 않았다.

지금 돌아보면 그때의 결정은 시험 하나를 어디에서 치를 것인가의 문제가 아니라, 어떤 사람으로 살아갈 것인가, 누구를 위해 살 것인가를 정하는 일이었다.

나는 그 선택을 후회하지 않는다. 그렇게 나는 다시 책상 앞에 앉았다. 군복을 벗고 일상으로 돌아온 뒤, 행정학과 학생으로서 내가 선택할 수 있는 길은 사실상 하나뿐이었다.

행정고시.

쉽지 않은 길이라는 것은 처음부터 알고 있었다. 주변에서 무모한 것 아니냐는 말도 들었지만, 그 선택만큼은 잘한 결정이었다고 생각한다. 적어도 도망치지는 않았다고 말할 수 있는 선택이었다. 지금 돌아보면 그 시기는 내 인생에서 가장 많이 흔들렸던 시간이었다. 앞으로 가고 있는지, 아니면 같은 자리를 계속 맴돌고 있는지 가늠할 수 없던 날들. 하루하루는 분명히 흘러가는데 삶은 제자리걸음을 하고 있는 것처럼 느껴졌다.

그래도 시작을 하니 공부는 조금씩 진전을 보였다. 집안 사정이나 나이를 감안하면 200% 이상 노력해야 하는데, 그러질 못하고 있었다. 당연히 합격이 늦어졌다. 왜 그랬을까? 지금도 이해가 안되는 대목이다.

부모님이 보내주신 돈은 언제나 부족했다. 부모님께 더 이상 손을 벌릴 수 없었다. 그래서 시험이 끝나면 나는 건설현장으로 향했다. 삽과 망치를 들고 하루를 버텼고, 번 돈으로 다시 책을 샀고, 친구에게 빌린 돈을 갚았다. 떨어진 시험 결과는 마음속 깊은 곳에 접어 두고, 아무 일도 없는 듯 다시 시작했다.

건설현장은 힘은 들었지만 정직한 공간이었다. 일한 만큼 대가가 돌아왔고, 핑계가 통하지 않았다. 그곳은 말보다 행동이 먼저였다.

나는 그곳에서 누구보다 열심히 일했다. 그 덕분에 다른 사람보다 조금 더 많은 임금을 받을 수 있었다. 몸은 고단했지만 마음은 오히려 편했다. 일하고, 공부하고, 다시 시험 준비를 반복했다. 버틴다는 것이 때로는 전진보다 더 어려운 일임을 그때 처음 알았다.

아버지는 고시를 그만 하고 취업하기를 바라셨다. 그 마음을 이해하지 못한 것은 아니다.

아들의 앞날을 걱정하는 부모의 마음이라는 것도 잘 알고 있었다. 하지만 나는 끝까지 가보고 싶었다. '포기'라는 말로 내 삶을 대변하고 싶지 않았다.

마음은 늘 흔들리고 있었다. 함께 공부하던 선배들이 하나둘 합격해 기숙사를 떠날 때마다 부러움과 불안이 동시에 밀려왔다. 나는 여전히 출발선 근처를 맴돌고 있었다.

그 시기의 나는 확신보다 의문이 더 많았다. 이 길이 맞는지, 끝이 있는 길인지, 나는 과연 그 끝까지 갈 수 있는 사람인지 답은 쉽게 나오지 않았다.

그러나 한 가지는 분명했다. 쉬운 길로 돌아가고 싶지는 않았다. 그리고 꼭 합격해서 당당하게 아버지 어머니 곁으로 돌아가겠다고, 친구들 앞에 서겠다고, 고향에 금의환향을 꿈꿨다.

▲ 대학교 졸업

비록 흔들리고 있었지만, 그 시간은 나를 단단하게 만드는 과정이라 믿고 싶었다.

지금 돌아보면 내 인생의 많은 선택에 하나의 공통점이 있다. 화려함보다 안정, 속도보다 지속, 나 혼자보다 가족… 그 기준은 어디에서 왔을까. 나는 여전히 그 답을 고향에서 찾는다. 말없이 버티는 법을 먼저 가르쳐 주었던 곳, 그 고향의 시간들이 이 흔들린 날들 속에서도 나를 붙들고 있었다.

함께라는 이름의 용기

혼자였다면 멈췄을 길을, 우리는 함께 걸었다.

흔들리던 시간 속에서도 나는 주저앉지 않았다. 넘어지지 않기 위해 버티고 있었고, 그 버팀의 끝이 어디로 이어질지는 자신도 알지 못했다.

그 무렵 내 삶에 한 사람이 들어왔다. 그 때, 나는 앞으로 나가고 있다기보다는 그 자리에 겨우 서 있었다고 말하는 편이 맞을 것이다. 버틴다는 것은 희망이 있어서라기보다 무너질 수 없다는 이유 때문이었다. 지금의 아내는 오래전부터 알고 지낸 사람이었다. 아주 가까운 사이는 아니었고, 특별한 인연이라고 부를 만큼의 이야기도 없었다. 그저 친구로 스쳐 지나갔던 사람, 시간 속에 잠시 남아 있던 이름이었다. 그 이름은 기억 속 어딘가에 조용히 놓여 있었고, 의미를 붙이지 않아도 될 만큼 멀지도, 가깝지도 않은 거리였다.

그런 인연이 어느 날 다시 삶 한가운데로 들어왔다. 마치 흔들리던 시간의 틈 사이로 조용히 스며들 듯이. 그 만남은 삶을 뒤흔드는 사건이 아니라, 흔들리던 삶이 잠시 숨을 고를 수 있게 해주는 작은 쉼표에 가까웠다. 처음부터 거창한 감정이 있었던 것은 아니었다. 설렘이나 확신보다는 조심스러움이 먼저였다. 그 조심스러움에는 상처받지 않으려는 마음과 누군가를 함부로 기대하지 않으려는 경계가 함께 섞여 있었다. 다만 힘들 때, 곁에 있어 주는 사람이 어떤 의미인지, 그때서야 조금씩 알게 되었을 뿐이다.

고시 준비로 앞이 보이지 않던 시절, 나는 하루하루를 버티듯 살아가고 있었다. 계획은 있었지만 확신은 없었고, 노력은 하고 있었지만 결과는 자신하지 못했다. 시간은 흘러가고 있었지만 내 삶은 제자리를 맴도는 것처럼 느껴지던 때였다.

아내는 나를 위로하려 하기보다는 묵묵히 곁에 서 있어 주었다. 그것이 어떤 말보다 더 큰 힘이 되었다. 괜찮다는 말도, 잘될 거라는 말도 없었지만 그 침묵은 도망치지 않겠다는 약속처럼 느껴졌다.

경제적으로도 큰 도움이 되었다. 그러면서도 내 자존심을 건드리지 않도록 노력해줬다. 도움이라는 말이 부담으로 느껴지지 않도록 조심스럽게 거리를 지켜주었다. 그런 사실을 나는 시간이 지난 뒤에야 알게 되었다.

단 하나의 조건이 있다면 "이번이 마지막이라고 생각하자"는 것이었다. 포기하라는 뜻은 아니었다. 그 말에는 기회에 대한 신뢰와 시간에 대한 책임이 함께 담겨 있었다.

아내는 내가 고시 공부에만 매달려 삶 전체를 놓치지 않기를 바랐다. 시험보다 사람을 먼저 생각하자는 말이었다. 그리고 미래를 함께 그려 보자는 현실적인 제안이었다.

그 제안은 나를 구제하려는 제안이 아니라 함께 살아가자는 의미였다.

"다른 사람이 100만원 벌어서 산다면 우리는 둘이 함께 50만원씩 벌면 똑같이 살 수 있으니 꼭 고시가 아니어도 돼."

그러면서 아내는 결혼을 이야기했다. 그 말은 꿈을 부풀리는 말이 아니었고, 현실을 외면하는 말도 아니었다. 그 말은 낭만적이지 않았지만 그래서 더 진심으로 들렸다. 현실을 정확히 알고 있는 사람이 아니면 결코 할 수 없는 말이었다.

나는 12월 결과가 나오면 그때 결혼하자고 했다. 합격이라는 결과를 확인한 뒤에 미래를 이야기하고 싶었다. 결과가 있어야 책임질 수 있다고 믿었던 나의 방식이었다.

하지만 아내는 다르게 생각했다. 9월에 2차 시험을 보고 한 달 뒤인 10월로 결혼 날짜를 잡자고 했다. 그렇게 우리는 결혼 날짜를 잡았다.

만약 12월에 결과가 좋지 않으면 기쁜 마음으로 결혼하기 어려울 것 같다는 이유였다. 결과보다 지금의 선택이 더 중요하다는 판단이었다. 그 판단은 시험의 결과보다 삶의 태도를 먼저 묻는 결정이었다.

처가의 반대도 있었다.

아무것도 없는 사람에게 딸의 인생을 맡길 수 있는 사람이 몇이나 되었겠는가. 그리고 나는, 객관적으로 보아 결혼을 말할 수 있는 상황도 아니었다.

그 질문은 상처라기보다 현실이었다. 감정이 아니라 조건을 살피는 질문이었고, 사랑보다 먼저 삶을 걱정하는 부모로서 너무도 당연한 우려였다.

이러한 상황에서 나는 고개를 들기도, 뚜렷한 대답을 내놓기도 어려웠다.

하지만 아내는 달랐다. 한 번도 물러서지 않았다. 누군가를 설득하려 애쓰기보다는, 스스로의 선택을 분명히 지켜냈다.

그 태도는 고집이 아니었고, 무모한 용기도 아니었다. 오래 전부터 흔들리지 않은 확신이었을 뿐이다.

마치 '무조건 무조건이야'라는 노래 가사처럼, 이유를 나열하지 않아도, 조건을 따지지 않아도 결혼은 그렇게 앞으로 나아갔다. 망설임을 설득으로 덮은 것이 아니라, 현실을 함께 감당하겠다는 약속으로 내딛은 한 걸음이었다.

그 결혼은 안정된 삶을 꿈꾸는 장밋빛 희망이 아니라, 불안정하지만 삶을 함께 감당하겠다는 선언이었다. 그리고 나는 그제야 알았다. 그동안 혼자 버티고 있다고 믿었던 시간들이 사실은 누군가와 함께라서 건널 수 있었다는 것을...

그날, 이름이 불렸다

기다림 끝에 찾아온 것은 기쁨보다 안도였다.

결혼을 약속하고 나니 내 마음의 무게는 오히려 더 커졌다. 지켜야 할 사람이 생겼다는 사실이 책임으로 다가왔다. 이제는 나 혼자의 인생이 아니었다.

결혼은 삶을 가볍게 만드는 선택이 아니었다. 누군가와 함께 걷겠다는 결정은 앞으로의 모든 순간에 '나'가 아니라 '우리'를 먼저 떠올리겠다는 뜻이었다. 그 사실은 설렘보다 먼저 조용한 긴장으로 마음에 내려앉았다.

2차 시험을 준비하던 그 시기는 내 인생에서 가장 힘든 시간이었다. 몸도, 마음도 한계에 가까웠다. 공부는 더 이상 공부가 아니었다. 아침에 눈을 뜨는 것부터가 버거웠고, 책상 앞에 앉아 있는 시간보다 버티는 시간이 훨씬 길게 느껴졌다.

사흘 동안 이어진 시험을 마치고 나는 그대로 쓰러졌다. 몸이 먼저 바닥을 드러냈고, 마음은 그보다 더 앞서 무너져 있었다. 그 시험은 지금까지도 내 인생에서 가장 힘들었던 시험으로 남아 있다.

실력을 묻기보다 사람을 끝까지 밀어붙이고 어디까지 버틸 수 있는지를 확인하는 시험처럼 느껴졌다. 지식의 많고 적음보다, 한계를 넘어서도 다시 한 줄을 읽을 수 있는지, 마지막까지 펜을 쥘 수 있는지를 묻는 시간 같았다.

나도 이제는 누군가를 먹여 살려야 한다는 생각에 시험의 부담감은 이루 말할 수 없는 압박으로 다가왔다. 혼자만의 실패로 끝나지 않을지도 모른다는 두려움, 내 선택이 누군가의 삶에까지 영향을 미친다는 책임감이 문제지 위로 겹겹이 내려앉아 있었다.

더는 남아 있는 힘이 없다고 생각하면서도 나는 다음 문제를 넘기고 또 넘겼다. 손이 움직였는지, 의지가 움직였는지조차 분간되지 않는 순간들이었다. 그렇게 버티며 흘려보낸 몇 시간은 지금도 또렷하게 기억 속에 남아 있다. 지금의 내가 된 이유를 설명해 주는, 가장 고단했던 시간으로...

시험이 끝나고 결혼을 한 뒤에도 아내는 결과에만 매달리지 않았다. 혹시 다른 길은 없는지 차분하게 물었다. 그 질문에는 조급함도 없었고, 실망도 없었다. 결과 하나로 삶 전체를 판단하지 않겠다는 분명한 태도가 담겨 있었다.

소방간부직 시험 이야기를 꺼냈을 때 아내는 망설임 없이 말했다. "그럼, 일단 그리 하자." 과목도 비슷하니 접근도 어렵지 않을거라 생각해서 내심 나도 생각하고 있었다. 떨어지면 어쩔 수 없지 하고.

나는 말은 그러겠다고 했지만 공부가 손에 잡히지 않았다. 일단은 조용히 합격자 발표를 기다리고 있었다. 결과에 따라 다시 하던지 말던지 결정을 할 생각이었다. 그 기다림은 자신감보다는 마지막 희망에 가까웠다. 말로 꺼내지 못한 기대를 혼자서만 품고 있는 시간이 길고도 무거웠다.

12월이 다가왔다. 어느 날, 아내는 꿈 이야기를 꺼냈다. 내가 떨어지는 꿈을 꾸었다며 마음이 편치 않다고 했다. 나는 오래전에 누나가 꾼 꿈이 정반대의 결과로 이어졌던 기억을 떠올리며 아내와는 반대로 조심스러운 기대를 품었다.

기대라기보다는 차라리 기도에 가까운 마음이었다. 아무에게도 말하지 못한 바람이 그날따라 유난히 또렷했다.

시간이 남아 아내의 교육에 함께 따라갔던 날이었다. 교육을 듣고 있던 중에 후배에게서 전화가 걸려왔다. "형, 서점에 합격자 발표가 났는데 형 이름이 있는 것 같아요." 그 말을 듣는 순간 몸이 먼저 즉시 반응했다. 후배와 전화를 끊고, ARS 전화를 거는 동안 심장이 귀 옆에서 뛰는 것 같았다. 수화기 너머의 짧은 침묵이 유난히 길게 느껴졌다. 그 몇 초 사이에 그동안의 시간이 한꺼번에 스쳐 지나갔다.

그리고 그곳에서 내 이름을 확인했다. 합격이었다. 그날의 기분은 말로 다 표현할 수 없었다. 너무나 기뻤다. 고생이 끝났구나라고 생각했다. 기쁨과 함께 안도감이 밀려왔다.

每日新聞

지방고시 합격자 27명 발표

매일신문

매일신문 입력 1999-12-18 14:54:00 수정 1999-12-18 14:54:00

행정자치부는 17일 제5회 지방고등고시 최종합격자 27명을 확정, 발표했다.

이번 시험 합격자는 행정직이 25명, 토목직이 2명이며 행정직 최고득점자는 김태익(28·고려대 행정학과졸)씨가 차지했고 김민(22·서 기계항공과 3년)씨는 전체 최연소와 함께 토목직 최고득점자가 됐다.

지방고등고시 합격자들은 1년간의 교육을 받은 후 시·군·구의 과장 요원으로 임용된다.

◇행정직(25명)=任相赫 金沖鎭 金善吉 柳漢永 林承澈 朴炳垠 李敬坤 徐錫光 金永三 金基鉉 申順浩 金大熙 임영아 蘇榮鎬 김태익 李
柳明泫 李龍周 李和眞 閔東熹 金一戎 金美正 金昌鎬 沈載珉 孔美淑

◇토목직(2명)=남동경 金民

▲ 합격자 발표

감사했다. 하늘이 내게 준 선물 같았다.

그 순간, 가장 먼저 떠오른 것은 결과가 아니었다. 합격이라는 두 글자보다 앞서, 내 곁에 조용히 서 있었던 몇 분의 얼굴이 먼저 떠올랐다. 말없이 곁을 지켜주던 시간들, 앞으로 나서지 않고도 늘 같은 자리에 서 있던 모습. 그 존재 하나만으로도 그동안의 흔들림이 비로소 멈추는 것 같았다.

가장 먼저 부모님, 그리고 끝까지 나를 믿어주고 응원해준 모든 분들의 얼굴이 동시에 떠올랐다. 그분들 덕분에 나는 여기까지 올 수 있었다. 이 자리를 빌려, 마음 깊이 다시 한번 감사드린다.

아내는 내 인생을 대신 살아준 사람이 아니다. 내가 가야 할 길을 대신 걸어준 것도 아니다. 다만 내가 흔들릴 때, 넘어지지 않도록 곁에서 중심을 잡아주었던 사람이다.

앞으로 나아가라고 등을 떠민 것이 아니라, 주저앉지 않도록 조용히 버팀목이 되어준 사람이었다.

그 사실 하나만으로도 나는 이 인생이 충분히 의미 있다고, 지금도 믿고 있다. 앞으로도 그 믿음은 변하지 않을 것이다.

▲ 장성 백양사 고불매

2

삶 – 사람과 일에서 배우다

▲ 장성 황룡강 꽃강출제

▲ 장성 축령산의 겨울

1장

삶의 무게

합격은 끝이 아니라, 책임의 다른 이름이었다.

1999년 12월 17일, 나는 제5회 지방고등고시에 합격했다. 오랫동안 버텨온 시간 끝에 마주한 결과였다. 수없이 흔들렸고, 포기와 계속 사이에서 매번 다시 마음을 다잡아야 했던 시간의 끝이었다. 앞으로 한 걸음 더 가야 할지, 아니면 여기서 멈춰야 할지, 그 질문을 수없이 되뇌며 버텨온 날들이었다.

합격자 명단을 마주한 순간, 가장 먼저 밀려온 감정은 분명 기쁨이었다. 환호와 벅참이 한꺼번에 올라왔고, 그동안의 시간들이 보상받는 듯한 순간이기도 했다.

그러나 그 감정은 오래 머물지 않았다. 기쁨이 가라앉자 곧바로 다른 생각이 뒤따라왔다. '이제는 책임져야 할 삶이 시작됐다'는 생각이었다. 그 깨달음은 기쁨을 지우지는 않았지만, 그 위에 묵직한 무게를 더했다. 그날의 합격은 성취의 끝이 아니라, 감당해야 할 삶의 시작임을 조용히 알려주고 있었다. 그 말은 누군가에게는 영광의 출발선일 수 있었지만, 내게는 가볍지 않은 무게로 다가왔다.

그동안은 나 자신을 증명하기 위한 시간이었지만, 이제부터는 누군가를 위해 판단하고 선택해야 하는 시간이 시작된다는 의미였기 때문이다.

이제부터의 선택 하나하나가 나만의 인생이 아니라, 누군가의 삶과 지역의 내일에까지 영향을 미칠 수 있다는 사실을 그날 처음으로, 또렷하게 실감했다. 그래서 나는 기쁨뒤에 잠시 숨을 골랐고, 앞을 내다보기보다 마음을 가다듬었다. 그 순간,

나는 알았다. 이 결과는 끝이 아니라, 내가 감당해야 할 삶의 무게가 본격적으로 시작되는 지점이라는 것을.

나는 동기들과 함께 수원에 있는 지방행정연수원에서 1년간 신규임용후보자 교육을 받았다. 서로 다른 지역에서, 서로 다른 사연을 품고 모였지만 그곳에서 만큼은 모두가 같은 출발선에 서 있었다. 이름도, 배경도, 과거의 이력도 잠시 내려놓은 채 '이제 막 공직의 문 앞에 선 사람들'이라는 하나의 공통점으로 연결되어 있었다.

누군가는 이미 가족의 생계를 책임지고 있었고, 누군가는 늦은 합격이라는 무게를 마음 한 켠에 안고 있었으며, 또 누군가는 처음으로 '공직자'라는 이름을 자신의 인생 앞에 올려놓은 사람들이었다.

사연은 달랐지만, 그 사연들이 만들어낸 긴장과 각오는 묘하게 닮아 있었다.

공직자로서의 첫걸음을 배우며 하루하루를 치열하게 살아갔다. 그 시간은 단순히 지식을 채우는 과정이 아니었다. 법과 제도를 익히는 것보다 더 중요한 것은 공무원이라는 이름 앞에 어떤 태도로 서야 하는지를 배우는 일이었다.

무엇을 할 수 있는지가 아니라, 무엇을 해서는 안 되는지를 먼저 마음에 새기는 시간이었다.

우리는 서로의 과거를 깊이 묻지 않았다. 대신 앞으로 같은 방향을 향해 긴 시간을 함께 걸어갈 동료라는 사실만으로도 충분히 단단히 묶여 있었다.

나는 평일을 수원에서 보내고, 토요일이면 장성 집으로 내려왔다. 그리고 월요일 새벽 4시, 아직 밤의 기운이 채 가시지 않은 시간에 다시 기차를 타고 연수원으로 향했다.

어둠 속에서 기차 창밖을 바라보며 하루를 시작하던 그 시간은 지금 돌아보아도 쉽지 않은 나날이었다. 잠은 늘 부족했고, 몸은 점점 무거워졌지만 그만큼 마음만은 더 단단해지고 있었다.

그렇게 우리 부부는 신혼 초부터 자연스럽게 주말부부가 되었다. "3대가 덕을 쌓았나 보다." 웃으며 건네던 그 말 속에는 농담처럼 넘기려 애쓴 마음과, 서로를 향한 미안함, 그리고 말로 다 하지 못한 고마움이 조용히 겹쳐 있었다.

그 시절의 시간들은 결코 편하지 않았지만, 지금의 나를 지탱하는 기준과 태도를 차분히 만들어 준 소중한 밑바탕이 되었다.

교육이 끝나갈 무렵, 아이가 태어났다. 삶은 늘 가장 바쁜 순간에, 가장 소중한 선물을 조용히 건네주곤 한다는 사실을 그때 나는 비로소 실감했다.

▲ 지방행정연수원 동기들과 미국연수

동기들 모두가 자기 일처럼 기뻐해 주었다. 축하의 말은 형식이 아니었고, 아이의 이름을 짓기 위해 동기들과 함께 유명하다는 곳을 찾던 기억은 지금도 또렷하게 남아 있다. 그 과정마저도 하나의 추억이 되었고, 우리가 함께 지나온 시간의 증거처럼 느껴졌다.

대부분 미혼이었던 동기들에게 한 아이의 탄생은 단순한 축하 이상의 의미였던 것 같다. 그 아이는 새로운 생명의 시작이었고, 동기들에게는 우리가 왜 이 길을 선택했는지를 다시 떠올리게 하는 희망의 상징으로 다가왔다.

공직이라는 길이 결국 사람의 삶을 향해 있어야 한다는 사실을 말없이 보여주는 존재이기도 했다.

시간이 흘러, 지금 그 동기들은 중앙부처와 각 시·도에서 고위공직자로 각자의 자리를 지키고 있다. 맡은 역할과 위치는 달라졌지만, 우리는 여전히 모임을 이어가며 서로의 길을 묵묵히 응원하고 있다. 함께 시작했던 그 시절의 기억은 지금도 우리를 하나로 묶어주는 소중한 인연이다.

경쟁이 아니라 연대였고, 성과보다 책임을 먼저 배웠던 시간. 그 기억이 있기에 우리는 오늘도 각자의 자리에서 흔들리지 않고 서 있을 수 있는지 모른다. 돌아보면, 그 시절의 선택과 시간은 단지 한 사람의 합격으로 끝나지 않았다.

▲ 미시건 유학시절 동기들과 함께

가족을 지키기 위한 책임, 동기들과 나눈 연대, 그리고 공직자로서 첫 마음을 배운 시작이었다.

나는 그 마음을 지금까지도 잊지 않고, 오늘의 나를 움직이는 기준으로 삼고 있다. 그리고 그 기준은 앞으로도 쉽게 변하지 않을 것이다.

▲ 장성 축령산 여름

2장

공직생활에서 배우는 삶

- 신안군, 고흥군, 목포시 -

사람 속으로 들어가다

공무원은 책상 위가 아니라, 사람 곁에서 시작된다는 걸 배웠다.

전라남도청 소속으로 첫 근무지를 선택해야 했을 때, 선배들이 이미 자리를 잡은 지역을 제외하고 남은 곳은 신안군, 완도군, 진도군이었다.

처음 맞이하는 선택이었다. 시험을 통과하면 길이 훤히 열릴 줄 알았지만, 막상 그 길 위에 서고 보니 어디로 첫발을 내딛느냐 역시 또 하나의 결정이었다. 공직자로서의 시작은 생각보다 조용했고, 그래서 더 무게가 느껴졌다.

나는 자연스럽게 장성과 가까운 신안군을 선택했다. 그 선택에 큰 계산이 있었던 것은 아니다. 멀리 떠나기보다는 고향을 기준으로 살아가고 싶다는 마음, 혹시라도 무너질 때 다시 돌아올 수 있는 방향을 스스로 남겨두고 싶다는 조심스러운 바람이 섞여 있었다.

그렇게 처음으로 발령을 받아 근무하게 된 곳이, 목포에 위치한 신안군청이었다.

청사로 처음 출근하던 날, 나는 몇 번이나 발걸음을 멈췄다. 공무원이라는 이름이 내 삶에 실제로 내려앉았다는 사실이 그제야 실감났기 때문이다. 설렘보다는 긴장이 먼저였고, 기대보다는 책임이 앞섰다.

신안군에서 근무하며 가장 인상 깊었던 기억 중 하나는 총무과에서 주최한 '직원건강의 날' 행사였다. 월출산을 등반하고, 함께 밥을 먹고 헤어지는 일정이었다.

처음 그 계획을 들었을 때만 해도 나는 그저 평범한 공무원 체육행사쯤으로 여겼다. 업무에서 잠시 벗어나 격식없이 편하게 어울리는 자리, 공직 초년병이던 내게는 특별한 의미를 두지 않아도 될 행사라고 생각했다.

그러나 그날, 행사에 신안군 압해면(지금은 압해읍)에 있는 복지원 아이들이 초청되어 함께 한다는 이야기를 들었을 때 조금은 의외였다. 아, 이렇게도 하는구나. 공무원끼리만 하는 건 아니구나.

아이들의 작은 손과 조심스러운 발걸음, 그리고 그 옆에서 자연스럽게 속도를 맞추며 함께 걷는 공무원들의 모습은 내가 머릿속으로 그려왔던 '행정'의 모습과는 전혀 달랐다.

아이들과 함께 월출산을 오르며 이야기를 나누고, 같은 자리에 앉아 음식을 먹고, 힘들면 손을 잡고 잠시 쉬어 가는 장면 하나하나는 공직에 첫발을 내디딘 나에게 큰 울림으로 다가왔다.

그것은 지시하거나 관리하는 모습이 아니라, 곁에 서서 함께 숨을 고르고, 함께 걸어주는 모습이었다.

'공무원은 책상 앞에서만 일하는 사람이 아니구나.'

'지역사회 속에서, 사람들 곁에서 함께하고, 힘이 되어주는 존재구나.'

그 문장은 누군가가 가르쳐 준 말도, 책에서 배운 문장도 아니었다. 그날의 풍경 속에서, 몸으로 느끼며 자연스럽게 마음에 새겨진 깨달음이었다.

'직원건강의 날'이라는 이름의 그 하루는 내가 앞으로 어떤 공직관을 가지고 살아가야 하는지, 어떻게 군민 속으로 스며들어 봉사해야 하는지를 말없이 알려준 소중한 시간이었다.

그날 이후, 행정은 더 이상 문서 속의 개념이 아니었다. 사람의 얼굴을 가진 일이었고, 사람의 곁으로 다가가는 일이었다.

그날, 아이들 곁에서 가장 먼저 손을 내밀고 자연스럽게 웃음을 건네던 과장님은 강성종 과장님이셨다. 지금은 퇴직하신 지 한참이 되었지만, 넉넉한 웃음과 따뜻한 태도를 지닌 멋진 분으로 내 기억 속에 오래 남아 있다.

그분의 웃음과 그날의 모습은 이후에도 내 마음속에서 하나의 기준이 되었다. 사람을 대할 때마다, 결정을 내려야 할 때마다 자연스럽게 떠올리게 되는 장면이었다.

공직은 위에서 내려다보는 자리가 아니라, 사람들 곁으로 내려와 같은 눈높이에서 함께 걷는 일이라는 사실을 나는 신안군에서, 그 하루를 통해 처음 배웠다.

함께 살아본다는 것

사람 속으로 들어갈 때, 비로소 공직의 의미가 보였다.

신안군에서 임자도 대광개발사업소장으로 근무하던 시절, 나는 공직의 책임이 무엇인지를 뼈저리게 실감하는 일을 겪었다. 그 일은 책상 앞에서 결재로만 판단하던 행정이 현장에서는 얼마나 무거운 결과로 돌아오는지를 몸으로 깨닫게 한 사건이었다.

임자도 앞바다에 있는 육타리도라는 섬이 환경부로부터 '특정도서'로 지정되면서 섬 개발 사업이 전면 중단되는 상황이

발생했다.

바다는 그대로였고, 섬도 그대로였다. 그러나 행정 하나로 모든 것이 멈춰 섰다. 사람들의 기대와 그동안 쌓아온 계획들, 그리고 지역이 기다려온 시간까지 한순간에 멈춰버린 느낌이었다.

특정도서란 환경부가 도서 지역의 자연 생태를 보전하기 위해 지정하는 제도다. 지정될 경우 개발 사업은 사실상 불가능해진다. 자연을 지키기 위한 취지는 분명했지만, 이번 경우는 달랐다. 원래 지정되면 안 될 섬이었다. 이미 국민광광지로 지정돼 있었고, 행정자치부 사업이 진행 중이었기 때문이다. 그러나 사업소의 의견은 제대로 수렴되지 않았고, 군청에서 '의견 없음'이라는 한 줄의 회신이 환경부로 전달되면서 일이 벌어졌다.

그 한 줄의 공문은 현장의 현실과 지역의 사정을 담아내지 못했고, 그 결과는 사업 전면 중단이라는 혹독한 현실로 되돌아왔다. 이로 인해 대광해수욕장 개발 사업은 한 발짝도 나아가지 못했다.

그 와중에 행정자치부의 중간 점검 결과 "사업 추진이 전혀 이뤄지지 않고 있으며, 소장의 사업 추진 의지조차 찾을 수 없다."는 최악의 평가가 내려졌다.

예산은 한 푼도 지원받을 수 없게 되었고, 특정감사를 받아야 할 상황에까지 내몰렸다. 공직 경험이 많지 않았던 나는 앞이 캄캄했다. 우리가 잘못한 것은 없었다. 그러나 풀어야 하는 책임은 우리에게 돌아왔다.

누군가의 판단으로 시작된 일이었지만, 현장에서 그 결과를 감당해야 하는 사람은 결국 나였다.

공직 생활의 초반부터 일이 꼬이면 그 이후의 모든 시간이 흔들릴 수 있다는 생각이 들었다. 그래서 주저앉을 수 없었다. 어떻게든 방법을 찾아야 했다.

그 생각 하나로 나는 다시 자료를 뒤지고, 공문을 확인하고, 전화를 들었다. 행정자치부에 문의하고 또 확인하기를 수십 차례, 마침내 해결의 실마리를 찾았다. 총괄조정관으로부터 사

▲ 임자도 대광해수욕장 튤립공원

업계획 변경이 가능하고, 예산 지원도 가능하다는 의견을 들었다. 그 말 한마디는 막혀 있던 길 끝에서 발견한 작은 불빛 같았다. 가만히 기다려서는 아무것도 바뀌지 않는다는 사실을 그때 다시 한 번 실감했다.

나는 직접 방문해 담판을 짓기로 했다. 말이 담판이지, 사실상 사정하러 가는 길이었다. 담당 팀장을 만나 사업의 필요성과 올스톱의 불가피성을 설명하고, 계획 변경을 요청했다. 처음 반응은 단호했다. "안 됩니다." 그 말 뒤로 이어진 질책은 두 시간이 넘게 계속되었다. 말을 꺼낼수록 목소리는 낮아졌고, 설명은 길어졌지만 상황은 쉽게 풀리지 않았다. 이해되지 않는 부분도 많았지만, 그 자리에서는 참아야 했다.

등소평의 흑묘백묘론처럼 과정이 아니라 결과가 중요하다고 스스로를 다잡았다.

지역에는 예산이 필요했고, 사업은 살아 있어야 했다. 그래도 마지막에 "발품 값은 주겠다"는 말을 들었을 때, 비로소 숨을 돌릴 수 있었다.

그 말은 약속이라기보다 가능성에 가까웠지만, 그 가능성 하나면 다시 일을 이어갈 힘이 충분했다.

사업 계획을 조정했다. 해수욕장 쪽을 먼저 개발하고, 섬은 해제 이후 추진하는 방향으로 전략을 바꿨다. 그리고 이듬해, 육타리도는 특정도서에서 해제됐다. 그 결과, 임자도 대광해수욕장은 많은 사람들이 찾는 신안군의 대표 관광지가 되었다.

사람들이 웃으며 바다를 찾고, 지역에 다시 활기가 돌기 시작했을 때 나는 그제야 그 긴 시간이 헛되지 않았음을 실감했다.

이 일을 겪으며 나는 정보 공유와 절차 준수가 얼마나 중요한지 절감했다. 군청에서 사업소에 단 한 번만이라도 문의했더라면 벌어지지 않았을 일이었다. 시간 낭비도, 에너지 소모도 없었을 것이다. 동시에, 해결책을 찾기 위한 끈질긴 노력과 중앙부처를 상대로 한 설득의 경험은 내 공직 생활의 큰 자산이 되었다.

그 일은 단지 하나의 사업을 살린 경험이 아니었다. 공직자로서 어디까지 책임져야 하는지, 어디까지 포기하지 말아야 하는지를 내 몸에 깊이 새긴 시간이었다.

섬에 내려온 젊은 면장

사람이 먼저 만나는 행정, 현장에서 답을 찾다

2003년 10월, 신안군 하의면장으로 발령을 받았다.

공직에 들어온 뒤 여러 자리를 거쳤지만, 그 이름을 처음 들었을 때의 울림은 남달랐다. 대단한 영예로운 일이었다. 김대중 대통령님의 고향이 하의도였기 때문이다.

하의(荷衣)라는 두 글자는 단순한 행정구역명이 아니었다. 대한민국 현대사, 특히 민주주의를 지켜온 굴곡진 시간들이 가장 깊게 숨 쉬고, 가장 오래 머물렀던 공간이었다. 그러므로 그 섬의 면장으로 간다는 것은 직책 하나를 맡는다는 의미를 넘어 역사의 한 자락을 함께 책임지는 일처럼 느껴졌다.

배를 타고 2시간 30분을 가야 하는 섬이었다. 먼 거리였지만, 길게 느껴지지 않았다. 배가 육지를 떠나 바다로 깊숙이 들어갈수록 마음은 오히려 차분해졌다. '이제는 다르게 일해야 한다'는 생각이 자연스럽게 고개를 들었다. 속도보다는 방향, 형식보다는 진심이 먼저인 곳이 이 섬이라는 예감이 들었다.

하의도(荷衣島)는 물 위에 떠 있는 연꽃 모양의 지형에서 이름이 유래된 섬이다. 일제강점기에 일제에 대항한 소작쟁의 운동으로 유명했지만 지금은 김대중 선생의 고향으로 더 유명하다. '대한민국 민주주의의 뿌리가 시작된 섬'이라 할 수 있다.

그 말은 수사가 아니라 사실이었다. 섬 곳곳에는 말로 설명되지 않는 기운이 있었고, 사람들의 표정에는 긴 시간 쌓여온 자부심과 인내가 함께 담겨 있었다.

하의도 주민들은 순수하고 정이 많았다. 따뜻하게 대해주셨다. 항상 그리운 분들이다. 대다수 면장들이 정년을 앞두고 부임하는 곳에 30대의 젊은 면장이 오자, 자식이나 조카 같기도 한 모양이었다.

나는 주민들과 직접 만나고, 함께 팔을 걷어붙이고 일하며 문제를 하나씩 해결해 나갔다. 책상에 앉아 보고서로만 판단하기보다, 현장에서 먼저 보고, 먼저 듣고, 먼저 손을 내미는 면장이 되고 싶었다. 섬에서는 말보다 행동이, 계획보다 신뢰가 먼저라는 것을 본능처럼 느끼고 있었기 때문이다.

그러는 사이 면사무소는 딱딱한 행정 공간이 아니라 동네 사랑방처럼 누구나 편하게 드나드는 곳이 되었다. 민원을 들고 오지 않아도, 차 한 잔 마시러, 이야기하러 들르는 공간. 행정은 그렇게 사람들 일상 속으로 조금씩 스며들기 시작했다.

특히, 젊은 면장이 오자, 청년들도 조금씩 면사무소에 모습을 보이기 시작했다. 같이 운동도 하고 술잔을 기울였다. 청년들과 소통을 시작했다.

행정 이야기는 뒤로 미루고, 사는 이야기부터 나눴다. 불만보다 고민을 먼저 들었고, 지시보다 제안을 먼저 꺼냈다. 그 과

정에서 서로를 바라보는 눈빛이 눈에 띄게 달라졌다.

이제는 어려운 일이 있으면 청년들이 먼저 달려와서 힘을 보탰다. 면사무소는 소통과 해결의 공간이 되었다.

부임한 지 얼마 되지 않아 신안군수배 축구대회가 열린다는 소식을 들었다. 대회 준비를 하는 청년들의 분위기는 유난히 달아올라 있었다. 우승에 대한 의욕이 대단했고, 그 눈빛이 참 보기 좋았다.

일상은 고되고, 생업에 치여 지낼 텐데 청년들은 하나같이 말했다.

"대통령 고향인데, 체면상 이번에는 꼭 우승해야죠."

그 말은 단순한 각오가 아니었다. 그 속에는 이 섬에서 살아간다는 자부심, 그리고 '우리가 해낼 수 있다'는 당당함이 담겨 있었다.

나는 그 모습을 보며 이곳 청년들이 가진 에너지가 얼마나 단단한지 새삼 느꼈다. 그래서 나는 웃으며 한마디를 던졌다.

"이번 대회에서 우승하면, 사비로 돼지 한 마리 쏘겠습니다."

가벼운 농담처럼 한 말이었지만, 그 순간 청년들의 눈빛이 확 달라졌다. 웃음 속에 결의가 섞였고, 장난 같던 분위기 속에 목표가 또렷해졌다.

목표가 생기자 사람들은 하나로 모였다. 팀은 급조한 팀이었다. 체계적인 훈련도, 화려한 전력도 없었다. 하지만 연습할 수록 서로의 호흡은 맞아갔고, "이번엔 진짜 해보자"는 마음이 하루하루 단단해져 갔다.

그리고 마침내, 하의면 역사상 처음으로 신안군수배 축구대회 우승컵을 들어 올리는 순간이 찾아왔다. 그날 운동장에 울려 퍼진 환호성은 단순한 승리의 함성이 아니었다. 그 소리는 운동장을 넘어 마을 전체로 번져갔다. 청년들의 얼굴에는 땀과 웃음, 그리고 말로 다 표현할 수 없는 자부심이 겹쳐 있었다.

나는 약속대로 돼지 한 마리를 잡고 면 잔치를 열었다. 마을 어르신들은 연신 웃으며 말씀하셨다.

▲ 하의면장 시절

"우리 청년들이 대단한 일을 해냈네."

그 눈빛에는 자식 바라보듯 흐뭇한 기쁨이 담겨 있었다.

곰곰이 생각해보면, 이 우승은 청년들만의 공이 아니었다. 연습 때마다 말없이 격려해주고, 대회 당일 운동장을 찾아와 응원해준 면민 한 사람 한 사람의 마음이 함께 어우러져 만들어낸 결과였다.

대통령 고향이라는 자부심, 섬 사람들의 끈끈한 정, 그리고 "우리는 할 수 있다"는 열정이 하나의 하모니처럼 맞물린 순간이었다. 자긍심과 열정, 그리고 단합이 만들어낸 작품이었다. 면장으로서 뿌듯했고, 무엇보다 우리 면민들이 참 자랑스러웠다.

그날 이후 나는 더 분명히 알게 되었다. 사람을 움직이는 것은 거창한 명령이나 제도가 아니라, 함께 웃고, 함께 약속하고, 함께 이뤄낸 경험이라는 것을.

그날의 우승컵은 단순한 트로피가 아니라 하의면 공동체가 하나였음을 증명하는 작은 역사였다.

바다의 끝에서, 다시 길을 찾다

공직은 자리가 아니라, 짊어지는 일이었다.

2017년 7월 초, 나는 고흥 부군수로 임명되었다. 인사가 늘 그렇듯, 내가 선택할 수 있는 것이 아니다.

신혼 초부터 주말부부로 지쳤던 아내는 화순이나 담양, 함평쯤 집에서 가까운 곳을 내심 기대하고 있었던 것 같다.

그날, 아내는 처음으로 내 앞에서 울음을 터뜨렸다. "왜 하필 고흥이야…"차로 한 시간 오십 분.

또다시 짐을 싸야 했고, 또다시 가족은 떨어져 살아야 했다.

말없이 눈물을 훔치던 아내의 얼굴은 지금도 오래 남아 있다. 공직자의 가족이라는 이름으로 감내해야 했던 시간들이, 그날 유난히 선명하게 다가왔다.

전라남도 남해안의 끝자락, 바다와 육지가 가장 깊게 맞닿아 있는 곳에 고흥군이 있다. 삼면이 바다로 열린 이 땅은 오래전부터 사람과 자연이 한 호흡으로 살아온 자리였다.

아침이면 바다는 곧 일터가 되고, 저녁이면 마을의 쉼터가 된다. 농사와 어업은 서로 다른 생업이 아니라, 세대를 잇는 하나의 삶의 방식이었다.

고흥의 풍경은 넓고 아름답다. 능선을 타고 오르면 팔영산이 펼쳐지고, 산 아래로는 마을과 바다가 한눈에 들어온다.

자연은 늘 그 자리에 있었고, 사람들은 그 품 안에서 각자의

삶의 리듬을 만들어왔다. 그러나 고흥은 결코 과거에만 머무는 땅이 아니다. 바다 끝에 자리한 나로우주센터는 대한민국 우주 산업의 출발점이자, 우주의 관문이다. 어제의 바다 위에 오늘의 기술을 올리고, 그 위에 내일의 우주를 그려내는 곳. 고흥은 이렇게 과거와 현재, 그리고 미래가 한 공간에 겹쳐 있는 드문 지역이다.

부군수는, 군정을 실제로 움직이는 실과장들과 함께 핵심 현안을 해결하는 책임자였다.

군수가 군정의 비전과 방향을 제시하는 최고 책임자라면, 부군수는 그 방향이 현장에서 제대로 작동하도록 만드는 사람이다.

군정은 계획만으로 완성되지 않는다. 수많은 정책과 사업이 예산과 인력, 일정과 주민의 목소리라는 현실과 부딪힐 때 비로소 성과가 된다. 부군수는 군수를 보좌하며 그 모든 요소를 종합해, 군정이 흔들리지 않도록 중심을 잡는 역할을 맡는다.

전남도 농업정책과장으로 일할 때 핵심과제 중 하나가 '스마트팜 혁신밸리 조성사업' 유치였다.

첨단 정보통신기술을 농업에 접목해 미래농업을 이끌 인재와 산업 생태계를 구축하는 것을 목표로 했다. 우리 도에서 대통령 공약사업으로 반영시켰기에 반드시 유치해야 할 상황이었다.

그 당시 내 개인적으로는 고흥군과 해남군이 가능성이 있다고 생각했었다. 그러던 차에 고흥 부군수로 오게 됐으니, 당연히 스마트팜 혁신밸리 조성사업 유치를 적극 추진했다.

그 당시 사업비는 1,800억 원 안팎으로 지역농업의 미래를 바꿀 수 있는 초대형 규모였다. 사업은 도별로 1곳의 적정후보지를 선정한 뒤, 국가에서 최종 결정하는 구조였다.

우선은 도에서 적정후보지로 선정되어야 했다. 사업의 취지, 선정 요건, 실현가능성 등을 고려할 때, 고흥군이 유리하다는 이야기가 여기저기서 흘러나왔고, 나 역시 고흥군이 선정될 것이라 믿어 의심치 않았다.

그러나 결과는 달랐다. 해남이 선정되었다. 고흥군에는 TF

를 구성해서 철저히 준비했으며, 평가요소 하나하나를 꼼꼼하게 점검했다. 주민들의 적극적인 참여로 실현 가능성도 높았다. 지금도 왜 고흥이 선정되지 못했는지 그 이유를 완전히 이해했다고 말하기는 어렵다.

고흥군민들의 항의는 빗발쳤다. 왜 고흥이 아니냐는 질문, 왜 이 준비가 외면받았느냐는 분노가 이어졌다.

그러나 더 안타까운 결과는 1차에서 선정됐던 해남이 2차 국가 공모에서 탈락하면서, 전남은 그해 스마트팜 혁신밸리 조성사업을 유치하지 못하고 말았다. 고흥만의 패배가 아니라, 전남의 실패였다.

▲ 고흥군 부군수 시절

그 당시 부군수 임기는 통상 2년이었지만, 나는 1년 만 재직하고 전남도청으로 복귀하였다. 민선 7기 전남도지사로 선출되신 김영록 지사님의 초대 비서실장으로 인사 발령을 받았기 때문이다.

떠나는 순간까지도 '고흥에 이 사업을 유치하지 못한 아쉬움'이 남아 있었다. 그 이듬해 고흥군은 사즉생의 각오로 다시 한번 도전했다.

나 역시 비서실장의 자리에서 할 수 있는 모든 도움을 아끼지 않았다. 누구보다 그 과정의 무게와 의미를 알고 있었기 때문이다. 그리고 마침내 고흥군이 선정됐다.

그 소식을 들었을 때, 가장 먼저 떠오른 것은 성과가 아니라 지나온 시간들이었다. 부군수로서 보냈던 그 시간, 군민들의 분노와 좌절, 그리고 다시 일어섰던 의지가 하나로 이어져 있었다.

어쩌면 고흥은 한 번에 주어질 수 있는 결과를 선택하지 않았는지도 모른다. 대신 돌아가는 길을 택했고, 그 길 위에서 더 단단해졌다.

나는 그 과정의 한복판에 있었고, 그 시간을 함께 지나왔다는 사실만으로도 공직자로서 충분한 의미를 느낀다. 내가 받은 분에 넘치는 사랑에 조금이나마 보답하게 돼서 너무 좋았다.

고흥은 그렇게, 과거의 바다와 미래의 기술을 동시에 품은 채 자기만의 속도로 앞으로 나아가고 있었다.

목포, 그리고 전국체전을 준비하며

그날 나는 비로소, 공직이 무엇으로 완성되는지를 알았다.

목포부시장으로 발령을 받았을 때, 낯설다는 느낌보다는 익숙함이 먼저 들었다. 신안군청 재직 시 목포에서 살아봐서일까? 전남도청이 목포와 인접해서일까? 아니면, 목포가 유명해서 언젠가는 갈 수도 있겠구나 싶어서였을까?

막상 부시장으로 부임하고 보니, 목포라는 도시는 그 이름만으로도 무게가 달랐다. 바다에서 시작된 도시, 수많은 사람의 삶과 시간이 켜켜이 쌓인 그곳. 그 중심에서 행정을 책임진다는 것은 결코 가벼운 일이 아니었다.

목포는 서해안 다도해의 관문이다. 바다를 통해 사람이 오가고, 물자가 모이며 도시가 성장해 왔다. 항구를 중심으로 형성된 이 도시는 늘 삶의 현장이었다. 어부의 노동, 상인의 발걸음, 가족을 기다리는 마음이 어우러져 지금의 목포를 만들었다. 거칠지만 정이 깊고, 말수는 적어도 마음은 뜨거운 도시였다.

그런 목포에서 내가 맡은 가장 큰 과제는 단연 전국체전 준비였다. 부임과 동시에 전국체전이라는 거대한 과제가 눈앞에

놓였다.

짧은 준비 기간, 빠듯한 예산, 그리고 시민들의 기대와 김영록 지사님의 열정이 동시에 어깨를 무겁게 했다. 경기장 보수와 신축, 교통 체계 정비, 숙박 대책 마련까지 어느 하나 쉬운 일이 없었다. 특히 가장 큰 난관은 주경기장 공사였다. 공사는 처음부터 순탄하지 않았다. 예상보다 훨씬 힘들었던 터파기 작업, 골재 처리 지연, 잦은 기상 악화까지 겹치며 공정은 조금씩 뒤처지고 있었다.

전국체전 일정은 잡혀져 있어 더 이상 미룰 수 없는 긴박한 상황의 연속이었다. 그러던 차에 결정적인 변수가 터졌다. 전국을 강타한 태풍 '힌남로'로 인해 포항제철의 강관 생산이 전면 중단되었다는 소식이었다.

문제는 단순한 자재 수급 차질이 아니었다. 우리가 필요로 하던 규격의 강관을 확보하지 못하면, 설계 자체를 다시 손봐야 하는 상황이었다. 설계를 바꾼다는 것은 공사 기간 연장은 물론이고, 경기장 전체의 구조와 미관, 완성도까지 흔들릴 수 있다는 뜻이었다.

체전 일정은 하루하루 다가오고 있었고, 선택의 여지는 점점 사라지고 있었다.

고강도의 얇은 강관 대신 두꺼운 강관으로 설계를 변경하는 방안도 검토했다. 그러나 그렇게 되면 우리가 그려왔던 '아름다운 경기장'이라는 목표를 포기해야 할지도 모른다는 생각이

들었다. 안전과 미관, 일정과 완성도 사이에서 어느 하나도 쉽게 내려놓을 수 없었다. 그야말로 진퇴양난이었다.

그런데 우연한 곳에서 돌파구가 만들어졌다. 전라남도의회 경제관광문화위원회가 전국체전을 앞두고 점검차 목포로 현장 방문을 왔고, 광양이 지역구인 김태균 부의장님도 함께했다.

공식 일정을 마치고 오찬 자리에 앉아, 반쯤은 하소연처럼 현재 상황을 이야기했다. 그때 김 부의장님이 조용히 한마디를 건넸다.

"광양제철에서 그 규격을 생산하고 있는 걸로 알고 있습니다."

그 말은 막혀 있던 길 끝에서 켜진 작은 불빛 같았다.

혹시나 하는 마음으로 곧바로 확인에 들어갔고, 우리가 필요로 하던 정확한 규격의 강관을 광양제철에서 생산하고 있다는 사실을 확인할 수 있었다.

즉시 서울 본사의 영업 라인과

▲ 목포 전국체전 경기장(I ♥ MOKPO)

접촉했고, 여러 차례 협의를 거친 끝에 마침내 필요한 물량을 확보할 수 있었다.

그 결과, 설계 변경 없이 공사를 이어갈 수 있었고, 지금의 안정적이면서도 완성도 높은 아름다운 경기장이 탄생했다.

단 하나의 선택, 단 하나의 연결이 공사의 운명을 바꿔놓은 순간이었다. 그 시기를 돌아보면, 실무자들뿐 아니라 나 역시 잠을 제대로 이룬 날이 거의 없었다.

하루에도 몇 번씩 현장을 오가며 공정표를 들여다보고, 작은 변수 하나에도 마음을 졸였다. 책임자의 자리에서 느끼는 불안과 압박은 고스란히 일상이 되었다.

그러나 그만큼 보람도 컸다. 완공된 경기장을 처음 마주하던 순간, 그동안 쌓였던 긴장과 피로가 한순간에 풀려내렸다.

그곳에는 단순히 하나의 시설이 아니라, 수많은 선택과 책임, 그리고 포기하지 않았던 시간들이 고스란히 서 있었다.

또 하나 기억에 남는 장면은 경기장 인근의 법면(절개지) 처리였다. 산을 깎아 드러난 절개면은 미관상 아쉬움이 컸다. 단순히 녹화를 하는 방식으로는 만족스럽지 않았다.

그때 떠올린 것이 'I LOVE MOKPO'였다. 해외에서 보았던 도시 상징 조형물을 참고해, 절개면 자체를 하나의 상징 공간으로 만들자는 제안이었다.

결과적으로 이 문구는 전국체전이 목포에서 이루어지고 있다는 것을 직관하게 하는 상징물이 되었다.

목포에서 개최된 전국체전은 역대급의 성공을 거두었다. 개막공연은 마치 올림픽 개막공연을 보는 것 같았다. 숙박과 음식 준비 등 손님맞이도 빈틈이 없었다. 여기에 김영록 지사님의 100억 원의 통 큰 지원과 전국체전 성공 개최를 위한 대책회의 주관, 현장 점검 등 각별한 관심과 배려에 감사드린다. 박홍률 시장님의 리더십과 실국장 이하 전 직원의 협조, 자원봉사자 자발적 참여 등 어느 것 하나 빼놓을 수 없다.

특히, 국장·과장급 이상이 참여하는 실시간 소통 채널인 전국체전 '단톡방'을 만들어 운용했다. 모든 상황을 실시간으로 공유했고, 특별한 경우 외에는 선조치 후보고토록 했다. 회의실에 모이기보다 현장에서 바로 판단하고 움직이는 구조였다.

그 덕분에 수많은 돌발 상황에도 신속하게 대응할 수 있었고, 대회는 큰 사고나 불만 없이 성공리에 마무리될 수 있었다.

내 일, 네 일을 따지지 않고, 궂은일을 마다하지 않고 묵묵히 수행해준 전남도청과 목포시청 동료 직원들께 감사드린다.

돌이켜보면 전국체전은 단순한 스포츠 행사가 아니었다. 도시의 역량을 시험하는 무대였고, 행정이 무엇을 위해 존재하는지를 스스로에게 묻는 시간이었다.

그리고 그 중심에서 목포는, 조용하지만 단단하게 자기 역할을 해냈다. 그 경험은 지금도 내 마음속에 깊이 남아 있다.

도시는 사람으로 완성되고, 행정은 책임으로 증명된다는 사실을 다시 한 번 깨닫게 해준 시간이었다.

▲ 목포부시장 시절

3장

공직사회에서 배우는 삶

- 전라남도 -

함께 버틴 시간들

성장은 혼자 하는 것이 아니라, 함께 견디는 일이라는 걸 배웠다.

신안군에서 전라남도로 전입하자마자, 나는 KDI 국제정책대학원 파견 대상자로 선발되었다.

공직 생활을 하며 언젠가 한 번쯤은 정책을 체계적으로 공부해 보고 싶다는 막연한 바람은 있었지만, 그 기회가 이렇게 갑작스럽게 내 앞에 놓일 줄은 몰랐다. 현장에서 숨 가쁘게 달려오던 나에게 잠시 멈춰 서서 행정과 정책, 그리고 공직의 본질을 다시 바라보라는 시간이 주어진 셈이었다.

국내 1년은 KDI SCHOOL에서, 국외 1년은 미국에서 공부하게 되었다.

공무원으로서의 경력을 잠시 내려놓고 학생이라는 이름으로 다시 책상 앞에 앉는다는 것은 설렘과 두려움이 함께 찾아오는 일이었다.

특히, 미국에서의 삶은 내 인생에서 가장 밀도 높은 배움과 가족애의 시간이었다. 한국에서 우리 가족은 늘 주말부부, 주말 가족이었다. 평일은 각자의 자리에서 각자의 책임을 감당하고, 주말이 되어서야 잠시 모여 가족이라는 이름을 확인하던 삶이었다.

그 시간마저도 늘 충분하지 않았고, 함께 있다는 사실보다 곧 다시 헤어져야 한다는 예감이 먼저였던 날들이 많았다.

하지만 미국에서 우리 가족은 처음으로 함께 자고, 함께 먹고, 함께 놀고, 함께 쉬는 시간을 온전히 나눌 수 있었다.

아침에 함께 일어나 같은 식탁에 앉고, 저녁에 함께 하루를 정리하며 같은 공간에서 잠드는 일. 그 평범한 일상이 그토록 귀한 시간이라는 것을 그제야 알게 되었다. 참으로 소중했고, 아름다운 시간이었다.

어느 날 아내가 이런 이야기를 들려주었다. 일이 있어 아이들을 하루 맡길 곳이 필요해, 함께 근무하던 선생님 댁에 아이들을 맡겼다고 했다.

어릴 적부터 알고 지내던 집이라 아이들도 큰 어려움 없이 엄마와 헤어졌다고 했다. 그 이야기를 들으며 나는 그저 별일 아니구나 싶어 넘기고 있었다. 그날의 일상 속에서는 그 장면이 그다지 특별하게 느껴지지 않았다.

그런데 다음 날, 둘째가 집에 와서 뜻밖의 말을 했다.

"엄마, 그 형네 아빠는 참 이상해. 매일 매일 집에 온대."

그 말은 웃음을 먼저 불러왔지만, 곧 마음 깊은 곳을 조용히 찔렀다.

우리 아이들에게 '아빠'란 일주일에 한 번 오는 존재였던 것이다.

매일 집으로 돌아오는 아빠는, 그래서 오히려 이상한 사람이었다. 그 말 한마디가, 그동안 우리가 얼마나 떨어져 살아왔는지를 말해주는 웃픈 이야기다.

아이의 한마디는 설명도, 비난도 아니었지만, 그 어떤 말보다 정확했다. 그날 나는 공직자로서의 책임만큼이나 가족에게서 얼마나 많은 시간을 빌려 쓰고 있었는지를 처음으로 실감했다.

미국 생활은 나에게 큰 모험이었고 도전이었다. 영어가 능숙하지 않았던 나에게 낯선 문화 속에서 공부하고 생활하는 일은 쉽지 않았다. 수업을 따라가는 일, 토론에 참여하는 일, 일상적인 의사소통조차 매 순간 긴장이 필요했다.

가족과 함께 타향에서 살아가며, 가장으로서 책임을 다해야 했고, 동시에 석사 학위를 마쳐야 한다는 부담도 컸다.

그 무게는 하루하루 마음속에 조용히, 그러나 분명하게 자리 잡고 있었다. 그래서 더 열심히 공부했다.

수업이 끝난 뒤에도 책을 놓지 않았고, 새벽까지 자료를 읽고 생각을 정리했다. 이 시간이 그저 한 번의 연수가 아니라 이후의 행정과 정책 판단을 바꿀 수 있는 기회가 되기를 바랐다.

그리고 가족과 함께할 수 있는 이 시간을 헛되이 보내고 싶지 않았다. 시간이 허락하는 한, 가족과 함께할 수 있는 일이라면 무엇이든 하려 애썼다.

멀리 가지 않아도 함께 산책하고, 작은 공원에 앉아 아이들 노는 모습을 바라보고, 저녁 식탁에서 하루를 이야기하는 것만으로도 충분했다.

중앙부처와 공기업에서 파견 나온 분들과의 자연스러운 교류 속에서 국정에 대한 이해를 높일 수 있었고, 소중한 인연들도 만들 수 있었다.

공부는 강의실에서만 이루어지는 것이 아니라, 사람과 사람 사이에서 완성된다는 사실을 그 시절 몸으로 배웠다.

이 모든 시간의 중심에는 언제나 아내가 있었다. 아내의 뒷받침은 미국 생활 내내 가장 큰 힘이었다.

아내는 한국에서 해보지 못했던 것들을 해보고 싶어 했다. 가족이 매일 식탁에 앉아 식사할 수 있도록, 매일 같이 레시피를 찾아 음식을 하나씩 만들었다.

그 시절 미국은 한국 마트가 많지 않았고, 한류도 유행하지 않던 때라 한국 음식은 무엇보다 귀하고 비쌌다. 그래서인지 아내는 한국에서는 하지도 않았던 김치를 직접 담가 이웃들과 나누고, 사람들을 집으로 초대해 한국 음식을 대접하곤 했다.

그렇게 집은 자연스레 모임 장소가 되었고, 그때 만났던 중앙부처 과장님들이 지금은 고위 공직자가 되어 일하고 있다. 형식 없는 식탁에서 시작된 인연은 지금까지도 이어지고 있

다.

미국은 관광의 나라였다.

관광 수입이 국가 경제를 움직일 만큼, 관광은 미국의 중요한 산업이었다.

미국 곳곳을 돌아보며 내가 느낀 것은 '관광은 자연 그 자체보다, 그것을 어떻게 쓰이게 하느냐가 중요하다'라는 점이었다.

개발과 보존의 조화, 공급자 중심이 아닌 철저한 수요자 중심의 사고, 그리고 돈을 쓰고 싶은 사람들이 가장 편하게 돈을 쓸 수 있도록 만드는 구조.

아름다운 관광지도 많았지만, 그보다 더 인상 깊었던 것은

그 관광지를 효율적으로 활용하는 방식이었다.

그 경험은 이후 내가 지역 정책과 관광 행정을 바라보는 기준이 되었다.

미국에서의 삶은 우리 가족이 매일 함께할 수 있었던 유일한 시간이었다.

그리고 2년의 공부를 통해 정책학 석사와 MIPS(master of international planning studies) 두 개의 학위를 마쳤다.

그 시간은 학위 이상의 의미를 지녔다. 공직자로서의 시야를 넓혔고, 가장으로서의 삶의 방향을 다시 정렬하게 만든 소중한 전환점이었다.

Korea Development Institute

SCHOOL OF
PUBLIC POLICY AND MANAGEMENT

UPON THE RECOMMENDATION OF THE FACULTY
HEREBY CONFERS ON

SOH, Young-Ho

THE DEGREE OF
MASTER OF PUBLIC POLICY

AND HAVE GRANTED THIS DIPLOMA AS EVIDENCE THERE OF
GIVEN IN THE SEOUL METROPOLITAN CITY IN KOREA
IN THE YEAR OF TWO THOUSAND SEVEN
ON THE FOURTEENTH DAY OF DECEMBER

President HYUN, Jung Taik

Dean HAHM, Sang-Moon

▲ 정책학 석사학위증

현장에서 완성된 행정

책상 위의 계획은, 사람의 손을 거쳐야 비로소 현실이 된다.

2014년 말, 나는 국제농업박람회 사무국장으로 임명됐다.

처음에는 1월 정기인사 전까지의 임시보직일 것이라 생각했다. 잠시 맡았다가 정리하는 역할, 그 정도로 받아들이고 싶었다.

하지만 곧 알게 되었다. 이 자리는 2015년 제2회 국제농업박람회를 성공적으로 개최해야 하는, 결코 가볍지 않은 책임이 따르는 자리였다.

행사의 이름 앞에는 '국제'라는 말이 붙어 있었고, 그 말은 곧 전라남도의 농업을, 대한민국의 농업을 외부에 보여주어야 한다는 의미이기도 했다. 부담이 없을 수 없었다.

사무국 직원들 역시 대부분 시·군에서 막 전입한 인력들로 구성되어 있었다. 이처럼 큰 규모의 국제행사를 경험해 본 사람은 사무국 직원 몇 명을 제외하면 거의 없었다.

나도 마찬가지였다. 나는 국내행사도 큰 행사는 해본 적이 없었다.

'과연 이 행사를 잘 치를 수 있을까.'

이 질문은 낮보다 밤에 더 또렷해졌다. 집에 돌아와 불을 끄고 누우면, 동선, 예산, 안전, 콘텐츠, 일정, 하나의 생각이 끝나면 또 다른 걱정이 이어졌다.

그렇게 매일 밤, 잠을 설친 날들이 이어졌다. 걱정 속에 뒤척이며 보낸 날들이 많았다.

그러나 막상 준비가 시작되자, 직원들의 열정과 노력은

내 예상을 훨씬 뛰어넘었다. 누가 시켜서가 아니라, 누가 먼저랄 것도 없이 각자의 자리에서 할 일을 찾아 나섰다.

수차례의 시행착오를 거치며 우리는 하나씩 하나씩 행사를 준비해 나갔다. 회의실에서 계획을 세우고, 현장에서 부딪히며 수정하고, 다시 논의하는 과정이 끝없이 반복됐다.

그중에서도 가장 큰 모험은 '박 터널'이었다. 통상 박람회에서 설치하는 박 터널은 20m~50m 규모였다.

그러나 우리는 과감하게 200여m로 확대했다. 다양하고 풍성하게 보여주고 싶었고, 이 박람회를 상징하는 공간 하나쯤은 꼭 만들고 싶었다.

성공을 장담할 수는 없었다. 솔직히 말하면, 실패할 가능성도 분명히 존재했다. 하지만 모두가 함께 만들어 가는 상징적인 공간을 만들고 싶었다. 전시물이 아니라, 사람들이 기억하는 장면을 남기고 싶었다.

전 직원이 직접 터널을 만들고, 물을 주고, 잎을 따며 여름내내 땀을 흘려 박을 키웠다. 지극정성이라는 말이 이보다 잘 어울릴 수 있을까 싶었다. 그 모습은 공무원의 일상이라기보다, 농사꾼의 풍경에 가까웠다.

어느 날 아내가 사무실을 찾았다가 깜짝 놀랐다고 했다. 누구 하나 말끔한 정장을 입은 사람이 없었고, 모두가 허술한 작업복 차림으로 흙투성이가 되어 일하고 있어서, 처음엔 다른 작업 현장에 온 줄 알았다고 한다.

사실 박 터널은 큰 모험이었다. 너무 길었다. 만약 호박이 제대로 자라지 않았다면, 관리가 잘되지 않아 무성한 풀밭처럼 보였다면, 무모함과 욕심이 부른 참사가 될 수도 있었다.

일이 너무 많다며 "알았으면 안 했을 것"이라는 말도 여러 번 나왔다. 하지만 이미 시작한 이상, 끝까지 가보자는 묵묵한 공감대가 우리 사이에 자리 잡고 있었다.

그리고 마침내, 200m 박 터널이 완성되자 그 모든 후회는 한순간에 사라졌다.

초록빛 터널 아래로 사람들이 들어오고, 아이들이 환호하며 사진을 찍는 모습을 보며, 우리는 말없이 서로를 바라봤다. 박 터널은 곧 행사의 상징이 되었고, 가장 많이 회자되는 새로운 볼거리가 되었다.

파리농업박람회 벤치마킹을 통해 새롭게 선보인 동물농장도 큰 인기를 끌었다. 전남 축산업의 현황을 보여주고, 아이들이 동물들과 교감하며 추억을 만들 수 있도록 20여 종 이상의 다양한 동물 전시를 준비했다.

또한, 고구마, 땅콩, 단감 등 농산물 수확체험을 비롯해 가족 단위 관람객이 직접 참여하고 즐길 수 있는 체험 프로그램도 대폭 강화했다.

이 박람회는 그저 보고 지나가는 행사가 아니라, 직접 느끼고, 몸으로 경험하는 농업의 장이 되고자 했다.

그 결과, 국제농업박람회 사상 최다 관람객인 약 73만 명이 행사장을 찾았다. 숫자로만 보면 한 줄의 성과처럼 보일지 모르지만, 그 숫자 안에는 수많은 사람들의 발걸음과 기대, 그리고 땀이 겹겹이 쌓여 있었다.

박람회 기간 동안 농산품의 현장 판매 및 구매 약정 규모는 약 1,728억 원에 달했다. 농업이 '보여주는 산업'을 넘어 '실질적인 소득과 거래로 이어질 수 있다'는 사실을 현장에서 증명한 결과였다.

농민들의 표정이 눈에 띄게 밝아졌고, 참가 기업들 역시 성과에 대한 만족을 숨기지 않았다.

또한, 20개국 400여 개 이상의 기업·단체가 참가하면서 전남국제농업박람회는 명실상부한 대한민국의 대표적인 국제농업 교류의 장으로 자리매김했다.

언어도, 문화도, 농업의 방식도 서로 달랐지만, 그날 행사장에서는 '농업'이라는 공통의 언어가 사람들을 하나로 묶고 있었다. 전남 농업이 지역을 넘어 세계와 대화할 수 있다는 가능성을 분명히 보여준 순간이었다.

돌이켜보면, 2015 국제농업박람회는 단순히 성공적인 박람회 하나를 치러낸 경험이 아니었다. 그것은 하나의 결과가 아니라, 과정 전체가 배움이었던 시간이었다.

불가능해 보이던 선택 앞에서 함께 땀 흘리고, 책임을 나누며 결과를 만들어낸 시간이었다.

누군가의 지시로 움직인 조직이 아니라, 서로의 믿음으로 버텨낸 사람들이 모여 있었기에 가능했던 일이었다. 그때 나는 확신하게 되었다. 마음이 움직이면 사람이 모이고, 사람이 모이면 행정도 책상 위를 벗어나 현장이 될 수 있다는 사실을.

계획서 속의 문장이 아니라, 사람의 손과 발로 완성되는 것이 진짜 행정이라는 것을 그 박람회를 통해 몸으로 배웠다.

세상에 불가능은 없다. 하면 된다는 단순한 진리를 그때 다시 확인하였다. 그 진리는 책에서 배운 교훈이 아니라, 밤잠을 설쳐가며 버텨낸 시간 끝에서 얻은 확신이었다.

박람회가 끝난 후, 나는 다시 잠을 잘 잘 수 있었다.

그 잠은 피로가 풀려서가 아니라, 책임을 다했다는 안도감에서 비롯된 잠이었다.

그리고 그날 이후, 나는 어떤 어려운 과제를 마주하더라도 적어도 한 번은 이 시간을 떠올리게 되었다.

여성농어업인 행복바우처, 생각이 바뀐 자리에서

제도는 삶을 이해하는 순간부터 시작되었다.

농업정책과장으로 근무하던 시절, 나는 수많은 정책 제안과 보고서 속에서 하루하루를 보내고 있었다.

숫자와 기준, 형평과 예산, 행정은 늘 냉정해야 한다고 믿었다. 그것이 공정함이라고, 그것이 책임이라고 생각했다.

그 무렵, 영광 출신의 오미화 도의원이 여성농어업인을 위한 바우처 제도 도입을 제안했을 때, 나는 솔직히 고개를 끄덕이지 못했다.

'왜 여성농어업인만 지원해야 하지?'

'남성농어업인도 같은데, 형평성에 맞는가?'

그 질문은 누군가를 배제하려는 의도가 아니라, 행정을 담당하는 사람으로서 당연히 해야 할 검토라고 스스로를 설득하고 있었다.

그때의 나는 제도를 숫자와 기준으로만 바라보고 있지 않았나 하는 생각이 든다. 지원 대상이 늘어나면 예산은 어떻게 되는지, 기존 정책과의 중복은 없는지, 다른 지역과의 형평성은 유지되는지, 모든 판단은 문서와 표 안에서 이루어졌다.

현장의 삶보다는 행정의 논리가 앞섰고, 사람의 하루보다는 제도의 틀이 먼저였다. 돌이켜보면, 그때의 나는 농촌을 잘 안다고 생각했지만, 실은 농촌의 절반만 보고 있었던 셈이다.

그러던 중, 도의원님이 주최한 여성농어업인 토론회에 참석하게 되었다.

처음에는 형식적인 일정 하나쯤으로 여겼던 자리였다. 그러나 그 자리에서 만난 여성농어업인들의 이야기는 내가 막연히 떠올리던 농촌의 이미지와는 전혀 달랐다.

그들은 농사일의 상당 부분을 책임지고 있었다. 모종을 심고, 수확하고, 선별과 포장까지 도맡고 있었다.

농번기에는 새벽부터 밤까지 밭과 논에서 하루를 보내고 있었다.

그뿐만이 아니었다. 집으로 돌아오면 살림이 기다리고 있었고, 아이를 키우고, 연로한 부모나 시부모를 돌보는 일도 자연스럽게 그들의 몫이었다. 누군가 대신해 주는 일은 거의 없었다. 하지만 그 모든 역할 속에서도 정작 자신을 위한 시간, 문화생활, 쉼은 언제나 맨 뒤로 밀려 있었다.

"아프면 참고, 힘들어도 말하지 않고, 누군가를 먼저 챙기는 삶."

그들의 노동은 분명 농업의 중심이었지만, 오랫동안 제도의 언어로는 제대로 설명되지 못하고 있었다. 보조자도, 부업자도 아닌데, 정책에서는 늘 주변에 머물러 있었다.

그날 이후, 나는 처음으로 질문의 방향을 바꾸게 되었다.

"왜 여성농어업인에게만 주느냐"가 아니라,

"왜 이제야 여성농어업인을 이야기하는가."

전남은 오랫동안 '농도'로 불려왔다. 그 농도를 실제로 지탱해 온 또 하나의 축은 언제나 조용히 일해 온 여성농어업인들이었다.

그들은 앞에 나서서 요구하지 않았고, 정책을 바꾸라고 목소리를 높이지도 않았다. 그래서 더 오래 보이지 않았던 존재들이었다.

그러나 그들의 삶을 존중하지 않고서는 전남 농업의 지속가능성도, 농촌 공동체의 미래도 존재할 수 없다는 생각이 점점 분명해졌다.

그렇게 나는 '여성농어업인 행복바우처'라는 정책을 구상하기 시작했다. 단순한 지원금이 아니라, 여성농어업인이 스스로를 돌아보고, 잠시라도 자기 삶을 회복할 수 있는 계기가 되기를 바랐다.

이 정책이 시혜가 아니라 존중의 신호가 되기를 원했다. 제도를 만드는 과정은 결코 쉽지 않았다.

연령 기준을 어디에 둘 것인지, 지원 금액은 어느 수준이 적절한지, 형식적인 소비가 아니라 실질적인 삶의 변화로 이어지려면 무엇이 필요한지, 하나하나 따져야 했다.

농어촌의 고령화는 이미 깊숙이 진행되고 있었고, 그 속에서 여성농어업인의 역할은 갈수록 커지고 있었다.

그만큼 정책의 시선도 과거와는 달라져야 했다.

이러한 고민과 필요성을 차분히 정리해 지사님께 보고드렸고, 여러 논의를 거쳐 마침내 '전남 여성농어업인 행복바우처'는 정책으로 자리 잡게 되었다.

전남에 거주하며 실제로 영농에 종사하는 만 20세 이상 65세 미만의 여성농어업인, 농지 소유면적 3만㎡ 미만의 농가와 축산·임업·어업에 종사하는 가구까지 포함하는 기준이 마련되었다.

당시에는 10만 원이었으나, 지금은 80세까지 20만 원으로 확대·조정되었다. 금액의 크기보다 중요했던 것은 이 정책이 던지는 메시지였다. 여성농어업인의 노동과 삶을 공식적으로 인정하는 첫 문장이었다.

돌이켜보면, 이 정책은 내가 행정가로서 한 단계 성장하는 계기이기도 했다. 제도는 책상 위에서 완성되는 것이 아니라, 사람의 삶을 이해하는 자리에서 비로소 시작된다는 사실을 그때 나는 몸으로 깨달았다.

여성농어업인 행복바우처는 지원금의 액수보다 "여성의 노동과 삶은 존중받아야 한다"는 사회가 보내는 하나의 분명한 응답이었다.

중심지 활성화사업, 고향을 놓지 않았던 이유

떠난 뒤에도 완성된 행정, 황룡면에 남다.

2017년, 내가 농업정책과장으로 있을 때다. 농림축산식품부의 일반 농산어촌 개발사업 안에는 여러 유형의 사업이 포함되어 있었다.

그해 나는 사업 자료를 하나하나 꼼꼼히 들여다보고 있었다. 단순히 예산 규모가 큰 사업이 아니라, 정말로 지역의 일상을 바꿀 수 있는 사업이 무엇인지를 찾고 싶었다.

농촌의 문제는 늘 비슷해 보였지만, 해법은 늘 달라야 했다.

도로를 정비하고, 시설을 하나 더 짓는 것만으로는 사람들의 삶이 달라지지 않는다는 사실을 나는 이미 여러 현장에서 보고 있었기 때문이다.

그중 내 눈에 들어온 것이 바로 농촌 중심지 활성화사업이었다. 생활 SOC가 부족한 농촌의 중심지에 문화·복지·소통 공간을 조성해 주민의 일상을 바꾸는 사업.

이 사업은 시설을 만드는 데서 끝나는 것이 아니라, 사람이 모이고, 머무르고, 관계를 이어갈 수 있는 공간을 만드는 데 목적이 있었다.

나는 이 사업이야말로 장성에 꼭 필요한 정책이라고 생각했다. 장성군 읍면의 중심지 기능은 그만큼 열악했다. 읍과 면의 격차는 생각보다 컸고, 면 단위 주민들은 문화와 복지, 소통의 기회에서 늘 한 걸음 뒤에 서 있었다.

행정 업무를 보기 위해서, 문화생활을 누리기 위해서, 사람을 만나기 위해서 굳이 읍으로 나가야 하는 구조는 이미 오래전부터 당연한 일처럼 굳어져 있었다.

나는 그 구조가 당연하지 않다고 생각했다. 면에도 중심이 필요했고, 면에도 일상의 무게를 받아줄 공간이 필요했다.

장성군 관계자를 만날 때마다 나는 이 사업을 이야기했다.

"이번 사업은 꼭 신청해야 합니다."

그리고 신청이 된다면 꼭 선정되도록 하겠다는 분명한 목표가 내 안에 자리 잡았다.

군은 문화센터를 비롯해 중심지 기능을 담당할 시설이 거의 없었던 황룡면을 대상으로 2018년 사업으로 신청했다.

황룡면은 지리적으로는 읍과 가깝지만, 주민들의 생활속에서는 늘 소외감을 안고 있던 곳이었다.

모일 곳이 없었고, 배울 곳이 없었으며, 함께 이야기할 공간이 부족했다.

공모에 선정될 경우 국비 54억 원을 포함해 지방비까지 합치면 총 80여억 원의 예산이 투입되는 대형 사업이었다.

그만큼 지역에 미치는 영향도 컸다. 하지만 그만큼 경쟁은 치열했다. 전국의 많은 지자체들이 같은 필요를 안고 같은 사업을 두드리고 있었다. 준비가 부족하면 기회조차 오지 않는 사업이었다.

우리는 준비를 멈추지 않았다.

사업계획을 다듬고 또 다듬었다. 문장 하나, 표 하나에도 현장의 이야기가 빠지지 않도록 계속 손을 봤다.

농식품부와 지역 국회의원을 수차례 찾아가 설득했다. 왜 장성인지, 왜 황룡면이어야 하는지, 이 사업이 주민의 일상을 어떻게 바꿀 수 있는지를 차분히 설명했다.

나는 그해 7월 1일 자로 고흥부군수로 발령을 받을때까지 공모사업을 완벽하게 준비해놓고 고흥으로 떠날 수 있었다.

그리고 9월, 황룡면이 선정되었다는 보도를 접했다.

공을 들였던 만큼 반갑고 기쁜 소식이었다. 그보다 더 좋았던 것은 '이제 기본은 했구나'라는 안도감이었다.

사람이 바뀌어도, 자리가 바뀌어도, 흔적은 제자리에 남아 있었다.

2018년부터 개발위원회가 구성되었고, 사업은 차근차근 현실이 되었다. 문화센터가 준공되었고, 이제는 주민들의 문화와 복지의 거점으로 운영되고 있다.

소통광장이 조성되었고, 안전한 마을길 정비, 주민 역량강화 사업까지 황룡면의 일상 곳곳에 변화가 스며들었다.

아이들은 그 공간에서 놀고 배우기 시작했고, 어르신들은 머물며 이야기를 나눴다. 주민들은 굳이 멀리 나가지 않아도 마을 안에서 하루를 채울 수 있게 되었다.

나는 이 사업을 통해 다시 한 번 확인했다. 행정의 성과는 재임 기간 안에서만 완성되는 것이 아니라는 사실을. 진심으로 준비한 일은 자리를 떠난 뒤에도 남아, 사람들의 삶 속에서 계속 이어진다.

황룡면의 변화는 내가 왜 고향을 기준으로 행정을 고민해 왔는지를 다시 한 번 분명하게 만들어 주었다.

농촌신활력플러스사업

고향을 위해서라면, 보이지 않는 역할도 마다하지 않았다.

장성군이 다시 한 번 나를 찾아왔다.

앞에 나서 달라는 말도, 다급함을 드러내는 표현도 없었지만, 나는 그 연락이 가진 무게를 잘 알고 있었다. 그럴 때마다 고향은 늘 선택의 갈림길에 서 있었고, 이번 역시 예외는 아니었다.

이번에는 농림축산식품부가 주관하는 2019년 농촌신활력플러스사업 공모와 관련된 일이었다.

반드시 선정되어야 한다며 자문과 협조를 요청해 왔다. 그 말 속에는 시간이 많지 않다는 현실과 이번 기회를 놓쳐서는 안 된다는 절박함이 함께 담겨 있었다.

이 사업은 단순히 하나의 공모사업을 넘어서, 장성이 앞으로 어떤 방식으로 지역을 키워갈 것인지를 가늠하게 하는 중요한 계기였다.

농촌신활력플러스사업은 기존의 농촌 지원 정책과는 성격이 달랐다. 농촌에 존재하는 지역 자산과 민간의 자생 조직을 기반으로 특화산업을 육성하고, 일자리를 만들며, 주민 스스로 자립할 수 있는 발전 기반을 구축하는 사업이었다.

하드웨어보다 사람과 조직, 시설보다 역량을 키우는 데 초점을 둔 정책이었다.

무엇을 만들어 줄 것인가보다, 누가 지역을 움직일 것인가를 묻는 사업이었다.

장성군은 이 사업을 통해 2022년까지 총 70억 원 규모의 사업비를 투입해 청년과 주민 역량강화에 집중하는 계획을 세우고 있었다.

단기간의 성과보다 지속 가능한 변화를 목표로 한 구상이었고, 그만큼 장성의 미래를 걸고 준비한 공모였다.

형식적인 응모로는 결코 의미가 없었고, 반드시 실질적인 성과로 이어져야 하는 도전이었다.

나는 이번에도 고향이 이 기회를 놓치지 않기를 바랐다. 내 담당 업무는 아니었지만, 필요하다면 뒤에서, 보이지 않는 자리에서 할 수 있는 일은 아끼지 않겠다고 마음먹었다.

이름이 남지 않아도 괜찮았고, 성과로 기록되지 않아도 상관없었다. 고향이 스스로 설 수 있다면, 그것으로 충분하다고 생각했다.

장성군 역시 사활을 걸었다. 전담 T/F팀을 구성해 공모 준비에 총력을 기울였고, 계획서는 여러 차례 다듬어졌다. 나는 이 분야의 최고 전문가들과 장성군을 연결하며, 사업 내용이 형식에 그치지 않고 실제로 작동할 수 있도록 돕는 역할을 맡았다.

청년들의 아이디어가 살아 있도록, 주민 참여가 선언에 그치지 않도록, 장성이라는 지역이 가진 가능성이, 계획서 안에서 설득력 있게 드러나도록 여러 차례 의견을 나누고 조율했다.

공모 평가 과정에서 장성군의 적극적인 추진 의지, 청년층의 창의적인 아이디어를 반영한 참신한 사업계획, 그리고 지역의 잠재적 발전 가능성은 긍정적인 요소로 평가되었다.

그 결과, 장성군은 농촌신활력플러스사업 공모에 선정되었다. 이 사업 역시 내 이름으로 남는 성과는 아니었다. 하지만 나는 안다.

행정의 진짜 역할은 앞에 서는 데 있는 것이 아니라, 지역이 스스로 설 수 있도록 뒤에서 버팀목이 되어 주는 일이라

▲ 서삼면 주민자치 아카데미 강연

는 것을.

고향 장성은 그렇게 또 한 번의 기회를 잡았고, 나는 또 한 번 보이지 않는 자리에서 고향의 변화를 함께 만들고 있었다.

그 자리는 눈에 띄지 않았지만, 행정이 왜 존재해야 하는지를 다시 한 번 확인하게 해준 자리였다.

책임의 무게를 견디다

결과보다 더 무거운 것은, 그 선택을 끝까지 감당하는 일이었다.

전남도 정책기획관은 전라남도 도정 전체를 기획하고 조정하는 자리다.

겉으로 보기에는 한 부서의 이름에 불과해 보이지만, 실제로는 전남도의 오늘과 내일을 동시에 바라보아야 하는 자리였다.

단순히 무엇을 할 것인가를 정하는 일이 아니라, 왜 그것을 해야 하는지, 그리고 그 선택이 전남의 미래에 어떤 흔적으로 남을지를 먼저 고민해야 했다.

말 그대로 도정의 방향을 잡고, 수많은 정책의 흐름을 하나로 모아야 하는 컨트롤타워였다.

전남도 정책기획관은 3급과 4급이 모두 갈 수 있는 자리다. 대부분 4급 중견 서기관이 담당해 왔다.

그러나 도정 전반을 총괄하는 역할의 무게와 책임, 다시 평가되면서, 이 자리는 다시 3급으로 격상되었다.

그리고 그 시기에 내가 발령을 받았다. 개인적으로는 영광이었지만, 동시에 그만큼 더 무거운 책임이 어깨 위에 얹혔다는 뜻이기도 했다. 자리의 무게는 직급이 아니라, 그 자리가 감당해야 할 선택의 크기에서 나온다는 사실을 그때 실감했다.

그날 이후 나는 '한 부서의 장'이 아니라, 전남도 전체를 대신해 고민하는 사람으로 서야 했다. 하루 이틀의 문제가 아니라, 수년, 수십년 뒤까지 이어질 정책 방향을 생각해야 했다. 1년 365일 중에 쉬는 날은 거의 없었다.

원래도 정책기획관실은 늘 바쁜 곳이지만, 2020년은 유난히 특별한 해였다. 코로나19 대응이라는 전례 없는 위기 속에서, 방사광가속기 유치, 국제 기후변화 당사국총회 유치 등 굵직한 과제들이 동시에 몰려왔다.

일은 줄어들기는커녕 훨씬 더 많아졌고, 하나하나가 도정의 향방을 좌우하는 일들이었다.

집에 있어도 마음은 늘 사무실에 가 있었다.

밤늦게까지 불이 꺼지지 않는 사무실 풍경이 익숙해졌고, 머릿속은 언제나 정책과 숫자, 일정과 보고로 가득 차 있었다.

가족을 돌볼 여유는커녕, 하루가 어떻게 지나가는지도 모른 채 날을 지새는 시간이 반복되었다.

미안함은 늘 마음 한켠에 남아 있었지만, 그때는 그럴 수밖에 없었다고 스스로 설득하며 버텼다.

수많은 일을 했지만, 지금도 가장 또렷하게 떠오르는 일은 방사광 가속기 구축 공모사업이다.

이 사업은 단순히 연구시설 하나를 유치하는 문제가 아니었다. 국가의 과학기술 경쟁력, 산업의 미래, 그리고 지역의 운명이 함께 걸린 1조 원 규모의 대형 국책사업이었다.

방사광 가속기는 물질의 구조를 원자 단위까지 들여다볼 수 있는 강력한 빛을 만들어내는 거대한 연구시설로, 반도체와 신소재, 바이오와 환경 등 미래 산업 전반에 활용되는 핵심 인프라였다.

이 시설 하나가 들어서면 연구자들이 모이고, 산업이 붙고, 지역의 위상이 달라진다.

그래서 전국의 지자체가 사활을 걸고 뛰어들었다. 우리 도는 후발주자였다. 불리한 점도 분명 있었지만, 지역의 미래가 달린 사업이었기에 물러설 수 없었다.

조건이 완벽해서가 아니라, 반드시 필요했기 때문에 도전했

▲ 전라남도 김영록 도지사 비서실장 임명

다.

그때부터 우리 도의 전 행정력과 나의 일상은 방사광가속기 유치 하나로 수렴되었다. 밤을 새워 사업계획서를 읽고 또 읽었다.

문장 하나, 숫자 하나에도 이유와 근거가 필요했다. 발표자료와 PPT는 수없이 고쳐 써졌다.

'이 한 장으로 전남의 미래를 설명할 수 있는가'라는 질문을 스스로에게 수십 번 던지며, 표현 하나에도 신중을 기했다.

공모일이 다가올수록 점점 지쳐가는 직원들의 얼굴이 눈에 들어왔다. 그때는 모두가 그냥 버티고 있었던 것 같다.

1조 원짜리 국책사업은 누군가의 헌신과 희생 없이는 결코 오지 않는다는 사실을 모두가 알고 있었기 때문이다.

누구 하나 쉽게 물러설 수 없었고, 그래서 더 치열했다.

결과는 모두가 알고 있듯이 충청북도의 승리로 끝났다. 큰 차이도 아니었다. 그래서 더 아쉬웠다.

우리가 못해서 진 것은 아니었다. 오히려 준비는 우리가 더 잘 되어 있었다는 평가도 적지 않았다.

짧은 시간 안에 보여준 전남도의 기획력과 행정의 추진력은 많은 이들의 인정을 받았다.

무엇보다 의미 있었던 것은, 호남 3개 시·도와 전국의 향우들이 하나로 똘똘 뭉쳤다는 점이다. 호남의 미래를 위해 반드시 유치해야 한다는 점에 공감하신 것이다. 이 과정에서 온갖

▲ 보건복지부 장관, 김영록 도지사와 면담(정책기획관 시절)

난관을 극복하고 호남을 하나로 묶어낸 김영록 지사님의 리더십과 힘을 모아준 모든 분들께 감사드린다.

이름조차 낯설었던 방사광가속기라는 개념을 설명하고, 그 필요성과 경제적 효과를 공유하는 과정에서 지역 사회는 함께 움직였다.

결과는 아쉬웠지만, 나는 결코 실패라고 생각하지 않는다. 오히려 그 과정에서 호남은 하나가 되었고, 그 경험은 우리를 더 단단하게 만들었다.

유치 사업에 관여한 모든 사람들이 한 뼘 더 성장한 시간이었다고 생각한다.

지역의 미래를 설계하다

정책은 숫자가 아니라, 사람이 살아갈 방향을 정하는 일이다.

정책기획관 소관 업무 가운데에는 지역성장전략사업이 있다. 이 사업은 각 지역이 지닌 고유한 자원과 잠재력을 바탕으로, 스스로 성장할 수 있는 기반을 만들거나 이미 있는 기반을 더욱 단단하게 키워가는 것을 목표로 한다.

단순한 시설 투자나 일회성 지원이 아니다. 눈에 보이는 건물 하나를 세우는 데서 끝나는 사업도 아니다.

지역의 산업과 일자리, 그리고 사람들이 실제로 살아갈 수 있는 정주 여건을 함께 키워 자립할 수 있는 구조를 만드는 것이 이 사업의 본질이었다.

그렇기 때문에 이 사업은 도가 일방적으로 방향을 정하지 않는다.

중요한 것은 '도에서 무엇을 내려보내느냐'가 아니라, '지역이 무엇을 가지고 있느냐'였다. 시군이 주체가 되어 스스로의 강점을 발굴하고, 이를 어떻게 키워갈 것인지 전략을 세운다.

도는 그 과정에서 방향을 조율하고, 절반을 지원하는 파트너의 역할을 맡는다. 지역이 주인공이 되고, 도는 그 선택이 지속 가능하도록 뒷받침하는 구조였다.

2019년, 필암서원이 세계문화유산으로 등재되면서 장성군은 중요한 고민 앞에 서게 되었다. 보존에만 머무를 것인가, 아니면 이 소중한 유산을 지역의 미래와 연결할 것인가. 장성군은 후자를 선택했다.

필암서원을 단순히 '지켜야 할 문화재'가 아니라, 장성의 정체성과 미래를 함께 키워갈 자산으로 바라보기 시작한 것이다. 그렇게 해서 군은 '유네스코 필암서원 선비문화 세계화 육성' 사업을 도에 신청했다.

나는 이 사업을 검토하면서 이것이 단순한 문화사업이나 관광사업이 아니라, '문불여장성(文不如長城)'이라는 지역 정체

성과 철학을 다시 세울 수 있는 중요한 기회가 될 수 있다고 보았다.

필암서원에 담긴 선비정신, 즉 청렴과 공공성, 절제와 책임의 가치는 과거의 유물이 아니라 오늘날에도 여전히 유효한 가치였다. 오히려 지금의 사회에 더 절실하게 요구되는 덕목이기도 했다.

이 가치를 현대의 언어로 다시 풀어내고 교육과 체험, 문화 콘텐츠로 확장할 수 있다면 어떨까.

단순히 방문하고 사진을 찍고 돌아가는 공간이 아니라 생각하고 배우고 체험하는 공간으로 만든다면 지역경제 활성화는 물론 시민의식과 인문적 자산을 함께 키울 수 있을 것이라 판단했다.

문화유산이 과거에 머무르지 않고 현재와 미래를 비추는 거울이 되는 방식이었다.

이 사업의 핵심에는 박수량 선생의 백비에 담긴 청렴의 의미, 그리고 하서 김인후 선생의 학문과 정신이 있었다.

권력을 앞에 두고도 자신의 이름을 남기지 않겠다는 결단, 학문을 통해 사회의 기준을 세우고자 했던 선비의 자세는 오늘날 공공의 영역에서 더욱 깊이 되새길 가치였다.

이를 현대적 가치로 재해석해 체험형 콘텐츠와 교육 프로그램으로 확장하는 것이 사업의 큰 줄기였다.

장성군은 이러한 취지와 방향성을 바탕으로 계획을 다듬어 나갔다.

형식적인 설명에 그치지 않도록, 왜 필암서원이어야 하는지, 왜 장성이어야 하는지를 끊임없이 고민했다. 치열한 심사 과정 끝에 장성군은 높은 평가를 받아 최종 선정되었다. 이는 단순히 하나의 공모사업에 선정되었다는 의미를 넘어서는 일이었다.

필암서원이 지닌 역사와 가치가 오늘의 시대적 요구와 맞닿아 있음을 공식적으로 인정받은 순간이었다.

어쩌면 우리 지역의 서원 가운데 유일한 세계문화유산이라는 점을 감안하면, 당연한 결과였는지도 모른다. 그러나 그 당연함을 현실로 만들기까지는 지역의 고민과 준비, 그리고 방향에 대한 분명한 인식이 필요했다.

이 사업은 지역성장전략사업이 지향하는 바가 무엇인지를 잘 보여주는 사례였다.

지역이 가진 것을 제대로 이해하고, 그것을 오늘의 언어로 다시 해석할 때, 문화유산은 과거의 기록이 아니라 미래를 여는 열쇠가 될 수 있다는 사실을 다시 한 번 확인한 경험이었다.

정책기획관의 마지막 시간

훈장은 영광이 아니라, 다시 묻는 질문이었다.

정책기획관으로 근무했던 2020년 12월, 나는 홍조근조훈장을 받았다.

정책기획팀장 시절 대통령 표창을 받은 데 이어, 다시 한 번 국가로부터 내려진 영예였다.

그러나 훈장을 가슴에 다는 순간, 기쁨이 먼저 앞서지는 않았다. 오히려 그보다 앞서, 지난 시간 함께 고생했던 얼굴들이 차례로 떠올랐다.

밤을 새우며 정책을 다듬던 동료 직원들의 모습,

그리고 긴 기다림 속에서도 아무 말 없이 버텨 준 가족의 얼굴이 하나씩 겹쳐졌다.

이 훈장은 결코 개인의 성취로만 설명될 수 없는 것이었다. 그 시기를 함께 버텨낸 사람들 모두의 것이었고, 그 시간의 무게가 응축된 결과였다.

늘 큰 방향과 디테일을 제시해 주시고, 어려운 순간마다 배려와 신뢰를 보내주신 김영록 지사님께도 깊이 감사드린다.

홍조근조훈장은 대한민국 정부가 공직 수행과 공공 영역에서 국가 발전에 기여한 공이 큰 공직자에게 수여하는 훈장이다.

제 48959 호

훈 장 증

전 라 남 도

지방부이사관 소 영 호

귀하는 공무원으로서 직무를 성실히 수행하여 국가 사회 발전에 이바지한 공로가 크므로 대한민국 헌법에 따라 다음 훈장을 수여합니다.

홍조근정훈장

2020년 12월 31일

대 통 령 문 재 인

국무총리 정 세 균

이 증을 근정훈장부에 기입합니다.

행 정 안 전 부 장 관

▲ 홍조근조훈장

그 이름만으로도 상당한 책임과 무게를 지닌 훈장이다. 하지만 내게 더 크게 다가온 것은 훈장의 명칭이나 격식이 아니라, 그 훈장이 내게 던지는 질문이었다.

'공직이란 무엇을 위해 존재해야 하는가.'

그 답을 찾기 위해 나는 수없이 고민했고 때로는 스스로를 소진시키며 일했다.

전남의 미래를 조금이라도 더 밝히기 위해 가능한 모든 선택지를 검토했고, 가능성 하나를 놓치지 않기 위해 애썼다.

그 과정에서 자연스럽게 가족과 함께하는 시간은 줄어들었고, 개인의 삶은 늘 뒤로 밀려났다.

하루하루를 버티듯 살아내며, 공직이라는 이름의 무게를 몸으로 감당하던 시기였다.

그러나 그 시간을 후회하지는 않는다. 누군가는 그 자리에 있어야 했고 누군가는 그 일을 해야 했다. 그 역할이 내 몫이었다면 나는 도망치지 않고 감당하고 싶었다. 완벽하지는 않았지만 적어도 책임을 피하지는 않았다고 말할 수 있기를 바랐다. 지금 돌아보면 그 시절의 나는 많은 것을 내려놓는 대신 하나의 확신을 얻었다.

공직은 단순한 직업이 아니라 태도이며 성과보다 더 중요한 것은 그 과정에서 어떤 가치를 지키며 일했는가라는 사실이다.

숫자와 결과로 평가받는 자리이지만 결국 남는 것은 사람과 신뢰 그리고 선택의 방향이었다.

홍조근조훈장은 내 가슴에 달린 훈장이지만, 그 빛은 결코 혼자 만들어낸 것이 아니다.

그 시절 전남이 감당해야 했던 무게, 그리고 그 무게를 함께 나누며 걸어준 사람들의 신뢰가 모여 만들어낸 빛이다.

그래서 이 훈장을 자랑으로 삼기보다 앞으로도 스스로를 돌아보게 만드는 기준으로 간직하고 싶다.

그 훈장은 지나온 시간을 증명하는 표식이자 앞으로 어떤 자세로 공직과 삶을 대해야 하는지를 묻는 조용한 질문이며 대답이다.

생명을 지키는 자리

행정은 숫자를 다루는 일이 아니라,
생명을 지키는 일임을 그때 알았다.

전라남도 농축산식품국장으로 일한다는 것은 단순히 한 부서를 책임지는 일이 아니었다.

그 자리는 전남 농업 전체의 흐름을 설계하고, 수많은 현장의 삶을 지켜내야 하는 자리였다.

농업·축산·식품을 각각의 정책 영역으로 나누어 보는 것이 아니라 하나의 생태계로 바라보며 정책을 만들고 그 정책이

현장에서 실제로 작동하도록 끝까지 책임져야 하는 자리였다.

서류 한 장, 숫자 하나의 결정이 농가의 한 해를 좌우할 수 있었고 때로는 한 가정의 생계와 직결되었다.

계절이 바뀔 때마다 긴장의 연속이었다.

봄에는 저온 피해와 가뭄을 걱정해야 했고 여름에는 폭염과 집중호우가 농가를 위협했다.

가을이 오면 태풍과 수확량 그리고 방역 문제가 한꺼번에 몰려왔다.

고병원성 조류인플루엔자와 같은 재난은 예고 없이 찾아왔고 한 번 발생하면 지역 전체를 긴장 상태로 몰아넣었다. 농정은 결코 책상 위에서만 이루어지는 행정이 아니었다. 늘 현장과 함께 움직여야 했고 하루도 마음 편히 쉬기 어려운 자리였다.

그중에서도 지금도 가장 선명하게 기억에 남는 사건은 2021년 말부터 2022년 초까지 이어진 '꿀벌 집단 실종 사태'였다.

처음 보고가 들어왔을 때만 해도 일부 지역의 특이 사례 정도로 여겨졌다. 그러나 피해 상황을 하나둘 확인해 갈수록 사태는 결코 가볍지 않았다.

조사 결과는 충격적이었다. 전남 지역 1,831개 양봉농가 중 1,280농가에서 피해가 발생했고 사라진 꿀벌만 무려 10만 군에 달했다.

숫자로만 보면 감이 오지 않지만 이는 전남 양봉 산업의 근간이 흔들릴 만큼 심각한 상황이었다.

꿀벌은 단순한 곤충이 아니다. 농업 생태계를 지탱하는 핵심 존재이자 수많은 작물의 생명을 잇는 보이지 않는 노동자다. 그들이 꽃가루를 옮기지 못하면 과수와 채소, 종자 생산까지 연쇄적으로 영향을 받는다.

꿀벌의 실종은 단순히 양봉 농가만의 문제가 아니라, 전남 농업 전체의 뿌리가 흔들린다는 뜻이었다. 문제는 원인이 명확하지 않았다는 점이었다.

병해충, 기후변화, 환경 악화, 면역력 저하 등 여러 요인이 복합적으로 작용한 것으로 추정됐지만, 어느 하나로 단정할 수는 없었다.

원인을 규명하는 일은 중요했지만, 그 과정에만 매달릴 여유는 없었다. 당장 생계가 막막해진 농가들이 눈앞에 있었다. 농정의 우선순위는 분명했다.

먼저 농가를 살리고, 현장을 지켜내는 것이었다.

나는 긴급 예비비 집행의 불가피성을 지사님께 보고했고, 이어 도의회와 협의에 들어갔다.

절차는 최대한 신속하게 진행했다. 그만큼 상황은 심각했고, 한시가 급했다.

결국 꿀벌 구입비 140억 원, 기자재 지원 20억 원, 방역 약품 20억 원 등 총 180억 원의 긴급 예산을 마련했다. 쉽지 않은 결정이었지만, 미루거나 망설일 시간이 없었다.

이 예산이 모든 문제를 해결해 주지는 못했다. 완전한 회복이라고 말하기에는 부족했을지도 모른다.

그러나 최소한 농가가 다시 일어설 수 있는 토대는 마련했다고 생각한다.

다행히 그해 꿀 수확은 대풍이었다는 소식을 들었다. 긴 시간을 버텨낸 양봉 농가들께 지금도 깊은 감사의 마음을 전한다. 이 경험은 나에게 농정의 본질을 다시 한 번 일깨워 주었다.

농정은 단순한 행정이 아니라 생명을 지키는 일이라는 사실, 위기의 순간에는 계산보다 결단이 먼저 와야 한다는 사실이었다.

숫자와 규정 뒤에 있는 사람의 삶을 먼저 떠올릴 수 있을 때, 정책은 비로소 살아 움직인다.

전라남도 농축산식품국장으로 보낸 시간은 그렇게 나에게 농업의 무게와 공직의 책임을 다시 배우게 한 시간이었다. 그리고 그 무게는 지금도 내 선택의 기준으로 남아 있다.

포기하지 않는 행정

정책은 문서로 완성되지 않는다.
끝까지 밀어붙이는 사람으로 완성된다.

그 무렵 또 하나의 과제가 내 앞에 놓였다. 바로 '남도음식문화센터' 사업이었다.

지사님이 특히 강한 의지를 가지고 추진하고자 했던 사업이었지만 정작 이 사업을 어느 부서가 맡아야 할지를 두고 내부 논의는 예상보다 길어졌다.

사업의 취지와 중요성에는 모두가 공감했지만 책임의 주체를 정하는 일은 그만큼 쉽지 않았다.

관광 분야인가, 위생 행정인가, 아니면 농정의 영역인가. 각 부서마다 나름의 논리가 있었고 모두 일리가 있었다.

그러나 논의를 거듭할수록 한 가지 사실은 분명해졌다. 남도 음식의 뿌리는 관광이 아니라 농업에 있었고, 제도의 출발점은 소비가 아니라 생산과 삶의 문화에 있었다.

결국 남도 음식이 지닌 역사성과 정체성을 온전히 담아내기 위해서는 농정국이 책임지는 것이 가장 옳다는 결론에 이르렀다.

하지만 현실은 결코 녹록지 않았다. 예산을 준비할 시간은 턱없이 부족했고 동시에 감당해야 할 현안은 이미 차고 넘쳤다. 조직도, 인력도, 제도적 기반도 처음부터 새로 만들어야 했다. 그럼에도 이 사업을 미룰 수 없었던 이유는 분명했다.

남도 음식의 전통을 지켜온 어르신들이 하나둘 세상을 떠나고 있었고 그분들의 손맛과 지혜, 삶의 이야기가 기록되지 않은 채 사라지고 있었기 때문이다.

레시피 한 장, 조리법 하나가 아니라 그 안에 담긴 삶의 태도와 시간의 축적이 함께 사라지고 있었다.

지금 하지 않으면 다시는 돌아오지 않을 시간이었다.

이 사업은 선택의 문제가 아니라 반드시 해야 할 책임의 문제였다.

정부를 찾아가 사업의 필요성을 설명했지만 반응은 냉정했다.

"남도 음식만 특별한가?"

"다른 지역과의 형평성은 어떻게 설명할 것인가?"

"산하기관을 하나 더 만드는 것은 부담이 크다"는 말들이 돌아왔다.

하나같이 정책 논리로는 맞는 말들이었지만, 그 속에는 이 사업이 왜 지금이어야 하는지에 대한 이해는 담겨 있지 않았다.

그럼에도 물러서지 않았다. 농식품부를 수차례 찾아가 설득했고 기획재정부를 오가며 사업의 필요성을 하나하나 설명했다. 왜 지금이어야 하는지, 왜 이 사업이 단순한 지역 사업이

▲ 농축산식품국장 임용 (2020. 12. 31.)

아니라 대한민국 식문화의 뿌리를 지키는 일인지를 반복해서 이야기했다.

남도 음식은 특정 지역의 자랑이 아니라, 한국 음식 문화의 근간이라는 점을 끝까지 강조했다. 쉽지 않은 과정이었다. 문을 두드릴 때마다 돌아오는 답은 대부분 "검토하겠다." 였다.

그럼에도 포기하지 않았다. 누군가는 이 사업의 의미를 끝까지 설명해야 했고 책임지고 밀어붙여야 했다. 그렇 게 수많은 문을 두드린 끝에 마침내 국회 심의 과정에 이 사업이 포함되었다는 소식을 들었을 때, 말로 다 할 수 없는 보람이 밀려왔다. 불가능해 보였던 일이 가능해지는 순간이었다. 그 순간만큼은 지난 시간의 피로와 부담이 한꺼번에 사라지는 듯했다. 이름을 나열 못하지만, 도움을 주신 모든 분들께 감사드린다.

이 경험은 나에게 분명한 교훈을 남겼다.

정책은 문서로 완성되는 것이 아니라 사람의 의지로 완성된다는 것, 그리고 누군가는 끝까지 책임지고 밀어붙여야만 비로소 세상이 조금은 움직인다는 사실이었다. 그것이 내가 농축산식품국장으로 보낸 시간의 의미였다.

성과보다 과정이, 결과보다 책임이 더 중요하다는 사실을 몸으로 배운 시간이었다.

미래를 심다

농업은 과거를 지키는 일이 아니라, 미래를 준비하는 일이다.

농축산식품국장으로 일하던 시기, 내게 가장 큰 고민은 단순히 예산을 확보하거나 사업을 하나 더 늘리는 일이 아니었다. 그보다 더 근본적인 질문이 늘 머릿속을 떠나지 않았다.

전라남도 농업의 판을 어떻게 바꿀 것인가.

이것은 나 혼자만의 고민이 아니라, 김영록 지사님이 분명하게 주문한 과제이기도 했다.

단기 성과가 아니라 구조를 바꾸는 해법, 전남 농업의 다음 단계를 설계하라는 요구였다.

전남은 대한민국을 대표하는 농도다. 농업 생산 규모나 종사 인구만 놓고 보면 단연 으뜸이다. 그러나 현실은 녹록지 않았다. 문제는 농업의 위상에 비해 농가소득이 낮다는 점이었다. 농업으로 생계를 이어가기 어렵다는 인식이 퍼질수록 청년은 떠나고 농촌은 고령화되며 지속 가능성은 점점 약해졌다.

소득이 있어야 청년이 오고, 청년이 있어야 농업과 농촌의 미래가 이어진다. 이 단순한 진리가 전남 농정의 가장 큰 숙제였다.

더 냉정하게 보면 전남은 축산, 시설하우스, 농식품 산업 육성 측면에서 타 시도보다 한발 뒤처져 있었다.

우리는 뒤처진 분야를 따라잡기 위해 최선을 다해야 했다.

동시에 남들처럼 따라가는 전략만으로는 한계가 분명했다.

그래서 한편으로는 전남만이 잘할 수 있는 농업, 전남이 선도할 수 있는 새로운 영역을 개척해야 한다고 판단했다.

그 치열한 고민과 논의 끝에 탄생한 구상이 바로 'AI 첨단 농산업 융복합지구 조성'이었다.

이 구상은 단일 사업이 아니라 하나의 큰 방향이었고 전략이었다. 정부가 첨단농산업진흥원과 농산업 빅데이터센터를 조성하고 농업용 기자재·부품·설비 산업을 전략적으로 육성하며 연구기관과 기업 · 농업 현장이 함께 연결되는 산업 생태계를 만드는 것이 목표였다.

기후변화 시대에 대응하는 스마트 농업, 청년들이 기술과 아이디어를 가지고 뛰어들 수 있는 농업, 농업을 단순한 1차 산업이 아니라 국가 전략산업으로 끌어올리는 비전이 이 하나의 구상 안에 담겨 있었다.

농업을 지키는 것을 넘어 농업으로 미래를 만드는 전략이었다.

하지만 처음부터 모든 것이 순조로웠던 것은 아니었다. 기획용역을 여러 차례 진행했지만 기대만큼의 성과를 얻지 못했다. 보고서는 쌓여 갔지만 답은 쉽게 나오지 않았다.

책상 위의 자료만으로는 전남 농업의 미래를 설계할 수 없다는 사실을 점점 더 분명히 깨닫게 되었다.

그래서 우리는 방향을 바꿨다. 전문가들을 직접 찾아 나섰고 현장의 목소리를 들었다. 농업, 과학, 산업, 데이터, 기계 분야의 전문가들과 머리를 맞대고 분야별 토론을 거듭하며 하나씩 그림을 다시 그려 나갔다.

단순히 '멋있는 계획'이 아니라 실제로 작동할 수 있는 구조를 만드는 데 집중했다.

그 과정에서 직원들의 고생이 많았다. 그리고 많은 전문가들의 조언과 도움을 받았다. 고마움은 말로 표현할 수 없다. 이 자리를 빌려 머리숙여 감사드린다.

그러한 노력의 결과 마침내 2024년 정부 예산에 기본 구상을 위한 용역비 3억 원이 반영되었다. 구상을 시작한 지 4년 만에 얻은 결실이었다. 비록 내가 농축산식품국장을 떠난 지 2년여가 지난 뒤의 소식이었지만, 그 누구보다 반갑고 의미 있게 다가왔다.

한 사람이 아니라 조직과 지역이 함께 쌓아 올린 시간의 결과였기 때문이다. 이 사업은 단순한 신규 사업 하나에 그치지 않는다. 전남 농업의 미래를 어떤 방향으로 이끌 것인가에 대한 질문이었고 지역이 스스로 길을 만들어갈 수 있느냐에 대한 도전이었다. 지금 당장의 성과보다, 앞으로 10년, 20년 뒤를 바라보는 선택이었다.

농업은 여전히 국가의 기간산업이다. 그러나 더 이상 노동집약적인 산업에 머물러서는 안 된다. 첨단기술과 데이터, 그리고 사람이 만나 새로운 가치를 만들어내는 미래 산업으로 전환되어야 한다.

그 변화를 누군가는 먼저 시작해야 국가의 존립을 지킬 수 있다. 식량안보는 여전히, 그리고 앞으로도 가장 중요한 국가과제이기 때문이다.

전남 농업의 판을 바꾸겠다는 고민은 그렇게 나 개인의 소망을 넘어 지역과 국가의 미래를 함께 고민하는 질문으로 남아 있다.

씨앗에서 시작된 선택

작은 씨앗 하나가 지역의 내일을 바꿀 수 있다고 믿었다.

농업에서 해결해야 할 문제는 참으로 많다. 그중에서도 가장 근본적인 문제는 소득이 낮고 무엇보다 일정하지 않다는 점이다.

노력한 만큼 결과가 보장되지 않고 한 해의 성패가 기후와 시장 상황에 따라 크게 흔들린다.

그러다 보니 청년들이 농업에 관심을 갖기 어려운 구조가 되었다.

소득이 되지 않는다는 인식 앞에서, 청년들이 농업을 선택하지 않는 것은 어쩌면 당연한 일이었다.

그 사이 농촌은 점점 비어 가고 있다. 학교는 사라지고 마을에는 어르신들만 남았다. 이제는 발전이 아니라 '소멸'을 걱정해야 할 지경에 이르렀다.

농업은 더 이상 '지켜야 할 전통'이 아니라, 많은 이들에게 '감당하기 어려운 부담'으로 인식되고 있다.

그렇다면 어떻게 해야 이 부담을 줄일 수 있을까. 어떻게 해야 청년이 다시 농촌으로 오게 할 수 있을까. 농업과 농촌을 살릴 방법은 무엇일까. 나는 이 질문 앞에서 오랫동안 고민했다.

그 고민 끝에서 시작된 것이 바로 '신소득원예특화단지 조성사업'이었다.

미래 세대가 다시 선택할 수 있는 직업으로 농업을 되돌려 놓기 위한 시도였다.

농업소득을 늘릴 수 있는 선택지는 생각보다 많지 않았다. 축산은 높은 초기 투자비와 환경 규제로 쉽게 접근할 수 없었고, 비닐하우스 하나를 세우는 데 드는 비용조차 농가에는 큰 부담이었다.

특히 청년농이나 귀농인에게는 출발선에 서는 것 자체가 벅찬 일이었다. 의욕과 열정이 있어도 현실의 장벽 앞에서 포기하는 경우를 수없이 보아 왔다.

그래서 신소득원예특화단지 사업은 방향을 달리했다. 출발점은 단순했다.

'개인이 감당하기 어려운 위험을 사회가 함께 나누자.'

작목을 전략적으로 선정하고, 그 작목에 필요한 시설과 기반을 공공이 함께 마련해 주는 구조를 만들자는 것이었다. 단순한 보조금 정책이 아니라 농업을 하나의 산업으로 키우기 위한 토대를 만드는 접근이었다.

개인의 부담을 최대한 줄이는 데 집중했다. 정부의 직접적인 지원이 없는 상황에서도 도와 시군이 함께 힘을 모아 최대 70%까지 지원하는 구조를 만들었다.

파격적인 수준이었다. 그러나 청년이 들어올 수 있는 구조를 만들고 농업을 다시 유망한 산업으로 인식하게 만들기 위해서

는 그 정도의 결단이 필요하다고 판단했다.

시군은 기후와 토양, 인력 여건, 그리고 지역의 정체성까지 종합적으로 고려해 어떤 작목이 가장 적합한지를 고민했다.

이 선택은 단순한 품목 결정이 아니었다. 그 지역의 미래를 어떤 모습으로 그려갈 것인지에 대한 선언에 가까웠다.

장성 역시 여러 작목이 검토되었다.

그 가운데 최종적으로 시선이 머문 것이 바로 '레몬'이었다.

노란 빛의 레몬은 '옐로우시티 장성'이라는 도시 이미지와 자연스럽게 어우러졌다.

무엇보다 가공과 유통, 수출로 이어질 수 있는 확장성이 컸다.

일본을 중심으로 레몬 수요는 꾸준히 증가하고 있었고 국내에서도 안전하고 신뢰할 수 있는 국산 레몬에 대한 관심이 빠르게 높아지고 있었다. 이는 단순한 유행이 아니라 소비 구조 자체가 바뀌고 있다는 신호였다.

이미 여러 전문가들과 재배 기술, 기후 적합성, 수익 구조에 대해 오랜 시간 논의를 이어오고 있었다. 단순한 가능성의 문제가 아니라, 현실적으로 도전할 수 있는 선택지라는 확신이 차곡차곡 쌓여가고 있었다.

그래서 나는 장성에 레몬을 제안했다. 그것은 하나의 품목을 권하는 일이 아니라 장성의 미래를 함께 그려보자는 제안이었다.

장성은 그 제안을 받아들였다. 지금 장성의 레몬 단지를 바라볼 때마다 그날의 판단이 틀리지 않았다는 생각이 든다. 물론 여기서 멈춰서는 안 된다. 6차 산업화를 통해 부가가치를 더 높여야 하고 레몬을 주제로 한 축제와 문화 콘텐츠를 통해 지역의 가치를 키우고 사람을 불러 모아야 한다. 수출 시장도 적극적으로 개척해야 한다.

나는 레몬이 언젠가는 장성을 상징하는 또 하나의 명물이 될 것이라 확신한다.

아름답고, 감성 있고, 경쟁력 있는 레몬 도시 장성. 그 꿈은 단순한 상상이 아니라 농업의 부담을 기회로 바꾸기 위해 우리가 함께 선택한 미래의 한 장면이다.

▲ 장성군 정책비전투어

길을 만드는 사람

미래는 기다리는 것이 아니라, 준비하는 자의 몫이었다.

전라남도청에서의 마지막 보직은 전략산업국장이었다. 이 자리는 단순히 하나의 국을 책임지는 역할이 아니었다.

전남의 주력산업인 석유화학산업, 철강산업, 조선산업을 고도화하는 동시에 우주산업과 바이오산업, 이차전지산업, AI 데이터센터 등 전남의 미래를 이끌 신성장산업을 발굴하고 육성하는 자리였다.

말 그대로 전남의 현재를 지키면서, 동시에 미래의 지도를 그려야 하는 자리였다.

이러한 산업들이 하나둘 자리를 잡을 때쯤이면, 전남은 전국 최고의 농산업 도시이자 미래 첨단산업의 중심지로 비상하게 될 것이다.

나는 그날이 반드시 온다고 믿는다. 전남이 가진 산업적 잠재력과 인적 자산, 그리고 무엇보다 묵묵히 현장을 지켜온 전남도청 동료들의 저력을 믿기 때문이다.

내가 전략산업국장으로 임명되었을 당시, 전남에는 국가 첨단전략산업 특화단지가 단 한 곳도 없었다. 그로 인해 "전남이 첨단산업 육성에 소극적인 것 아니냐"는 곱지 않은 시선과 평가가 적지 않았다.

그 시선을 의식하지 않았다고 하면 거짓말일 것이다. 그러나 그보다 더 큰 문제는 전남이 미래 산업의 흐름에서 뒤처질 수 있다는 현실적 위기였다.

그래서 나는 국가 첨단전략산업인 화순 바이오특화단지 유치에 심혈을 기울였다. 이 사업은 단순히 산업단지를 하나 조성하는 문제가 아니었다.

선정될 경우 예비타당성 조사 면제는 물론, 대규모 인프라 구축과 연구개발(R&D), 생산 기반 조성까지 막대한 국가 지원이 뒤따르는 사업이었다. 전남 산업 지형을 근본적으로 바꿀 수 있는 기회였다.

우리는 바이오산업이 대규모 토지나 자본을 앞세운 규모의 경제보다는, 연구 역량과 창의적 기술력으로 경쟁할 수 있는 산업이라는 점에 주목했다.

이는 상대적으로 대규모 산업단지 조성에 불리한 전남이 충분히 승부를 걸 수 있는 영역이기도 했다.

물론 경쟁은 만만치 않았다. 이미 인천 송도, 충북 오송 등

전국 곳곳에 쟁쟁한 바이오 클러스터들이 자리 잡고 있었다.

기반 시설, 기업 유치 실적, 인지도 어느 하나 쉬운 상대가 아니었다.

그러나 우리는 그들과 같은 방식으로 경쟁하지 않기로 했다. 대규모 물량 경쟁이 아니라 집중과 선택의 전략이었다.

바이오산업은 반드시 대도시 중심이어야만 성공하는 것이 아니라는 점, 연구 중심의 중소 규모 클러스터도 충분히 경쟁력을 가질 수 있다는 점을 논리적으로 설계했다. 규모보다 구조를, 속도보다 밀도를 강조했다.

그리고 그 논리를 바탕으로 정부를 끊임없이 설득했다.

선정 여부를 가르는 마지막 관문을 앞두고 우리는 수없이 회의를 거듭했다. 사업계획서는 고치고 또 고쳐졌고 발표 자료는 수십 차례 수정되었다.

한두 사람의 손으로, 머리로 만들어질 수 없었다. TF팀을 만들어 밤잠을 못 자가며 고치고 또 고쳤다. 고마운 마음을 전할 분들이 너무 많다. 김영록 지사님께서 대통령실 등 큰 역할을 해주셨다. 신정훈 위원장님도 감사드린다. 특히, 유호열 전라남도 바이오진흥원장님의 논리와 노력들은 결코 잊지 못할 것이다. 함께 고생한 곽부영 과장과 팀원들 모두께 깊이 감사드린다.

전략산업국장으로서 최종 발표는 내 몫이었다. 그만큼 책임도, 부담도 컸다. 발표 당일, 예기치 못한 소식이 전해졌다. 강

원도와 전북에서 도지사가 직접 발표에 나섰다는 이야기였다.

순간 마음이 흔들리지 않았다면 거짓말일 것이다. 그러나 이미 준비해 온 방향을 바꿀 수는 없었다. 우리는 우리의 논리와 준비된 내용으로 정면 승부를 택했다.

그리고 결과는 전남의 선정이었다. 그 순간 느꼈던 안도감과 묵직한 성취감은 지금도 또렷하게 기억 속에 남아 있다.

그것은 단순히 사업 하나를 따냈다는 기쁨이 아니었다. 오랜 시간 묵묵히 쌓아온 준비와 신념이 틀리지 않았다는 확인이었고, 전남 역시 충분히 미래 산업의 주체가 될 수 있다는 증명이었다.

그날 이후 나는 다시 한 번 확신하게 되었다. 정책은 책상 위에서 완성되는 것이 아니라 현장에서 치열하게 고민하고 끝까지 책임질 때 비로소 살아 움직인다는 것을… 화순 바이오특화단지 유치는 내 공직 인생의 마지막 페이지에 가장 깊은 흔적으로 남아 있다.

그 흔적은 성과의 기록이자 전남의 미래를 향한 가능성의 증명이었다.

▲ 장성 축령산

3

비전 – 장성의 내일을 그리다

▲ 장성 황룡강 풍경

▲ 장성 황룡강 석양

1장

황룡강, 머무는 도시를 그리다

도시는 강에서 시작된다.

물은 사람을 불러 모으고, 사람은 삶을 만들며, 그 위에 공동체가 쌓인다.

황룡강의 시간도 그렇게 흘러왔다.

강을 따라 길이 생기고, 장터가 열리며, 하루의 이야기가 이어졌다. 황룡강은 단순한 자연이 아니라, 사람들의 일상과 기억이 겹겹이 쌓인 삶의 무대였다.

그러나 어느 순간부터 강은 도시의 중심에서 조금씩 멀어지기 시작했다.

더 빠른 이동과 더 효율적인 구조가 우선되면서, 강은 스쳐 지나가는 풍경이 되었다. 일상은 도로 위에 놓였고, 사람들의 발걸음은 자연스럽게 물가에서 멀어졌다. 황룡강은 여전히 흐르고 있었지만, 사람의 삶과의 거리는 점점 벌어졌다. 그렇게 강은 도시 안에 있으되, 도시의 중심에서는 벗어나 있었다.

시간이 흐르며 황룡강에 다시 변화가 찾아왔다.

환경이 복원되고 생태가 살아나면서, 강은 조금씩 본래의 모습을 되찾기 시작했다. 사람들의 발길도 다시 이어졌다. 노란 꽃이 강변을 채운 계절, 수많은 사람들이 모여들었고, 강은 다시 이야기의 중심이 되었다. 전국에서 가장 길고 아름다운 '꽃강'이라는 새로운 역사가 만들어진 순간이었다.

하지만 그 풍경 속에는 또 다른 질문이 남았다.

봄과 가을, 특정한 시기만이 아니라 사계절 내내 사람들이 찾을 수는 없을까. 축제의 순간을 넘어, 일상 속에서 자연스럽게 머무를 수 있는 공간이 될 수는 없을까. 강을 따라 문화 생활이 이어지고, 경제 활동이 스며들며, 그 흐름이 구도심으로까지 연결될 수는 없을까. 이러한 물음은 결국 장성의 생활과 지역경제의 활력에 대한 고민으로 이어진다.

이제 황룡강은 단순한 생태 경관이 아니라, 사람이 머무는 문화공간이자, 경제 활동이 이루어지는 생산적인 공간으로 바라본다.

이를 위해 첫째, 장성은 황룡강을 중심으로 체류형 도시로 전환할 필요가 있다. 단순히 스쳐 지나는 곳이 아니라, 보고, 걷고, 먹고, 머물며 다시 찾고 싶은 체류형 공간으로 만드는 것이다.

둘째, 사계절 이용 가능한 생활형 수변 공간을 조성해야 한다. 계절별 특성을 살린 콘텐츠와 프로그램을 통해 연중 이용 가능하게 하고, 소상공인과 청년 창업, 문화 콘텐츠가 공존하는 강변 상권이 필요한 시점이다.

셋째, 주민 중심의 일상 친화적 공간으로 재편해야 된다. 주민이 먼저 찾고, 그 안에 방문객이 자연스럽게 어우러질 수 있는 구조를 만드는 것이다.

사계절의 흐름 속에서 강의 모습도 조금씩 달라질 수 있다. 봄에는 꽃길을 따라 걷고 머무는 풍경이 이어지고, 여름에는 음악과 빛, 사람들의 에너지가 강을 채운다. 가을에는 속도를 늦추고 사색하며 머무는 시간이 흐르고, 겨울에는 빛과 온기가 더해진 강변에서 또 다른 휴식의 장면이 펼쳐진다. 계절마다 다른 얼굴을 가진 강은, 그 자체로 도시의 일상이 되고, 경쟁력의 근간이 된다.

이러한 변화는 관광만을 위한 공간을 만드는 것과는 다르다. 주민이 먼저 찾고, 그 일상 속에 방문객이 자연스럽게 어우러지는 구조일 때 공간은 오래 살아남는다. 강변의 작은 가게와 문화, 청년의 시도와 지역의 생활이 함께 스며들 때, 황룡강은 하나의 풍경이 아니라 삶의 일부가 된다.

황룡강은 단순한 하천이 아니다. 보고, 걷고, 쉬고, 머물며 하루를 보내는 공간이다. 그렇게 강이 다시 도시의 중심이 될 때, 장성은 '지나가는 곳'이 아니라 '머무르는 도시'로 기억될 수 있다. 강이 다시 도시의 랜드마크가 되는 순간, 도시는 비로소 사람을 품는다.

2장

미래 첨단농업의 중심을 그리다

농업은 우리네 오래된 삶의 방식이다.

계절의 흐름에 맞춰 씨를 뿌리고, 땀으로 수확하며, 자연과 함께 살아온 시간의 기록이다. 농업은 단순한 산업이 아니라 세대를 거쳐 이어져 온 생존의 방식이자, 공동체가 서로를 의지하며 버텨온 삶의 토대였다. 들판과 논밭에는 자연을 존중하며 살아온 사람들의 지혜와 노동, 그리고 시간이 켜켜이 쌓여 있다.

그러나 농업은 지금 새로운 도전 앞에 서 있다. 기후는 점점 더워지고 계절의 질서는 예측하기 어려워졌으며, 산업 구조는 빠르게 첨단화되고 있다. 농촌의 풍경 또한 인구 감소와 고령화로 변화하고 있다. 이러한 변화는 농업이 과거의 방식만으로 지속되기 어려운 환경에 놓여 있음을 보여준다. 농업을 둘러싼 조건이 달라진 지금, 농업의 미래를 어떻게 바라볼 것인가에 대한 질문이 자연스럽게 이어진다.

이 변화 속에서 농업은 더 이상 과거의 언어로만 설명되지 않는다.

AI와 로봇, 데이터와 자동화 기술, 자본이 농업 현장에 접목되면서 농업의 성격 자체가 확장되고 있다. 생산성 향상뿐 아니라, 기후와 시장 변화에 대한 대응력, 노동 구조의 안정성까지 함께 논의되는 영역으로 바뀌고 있다. 농업은 생존을 위한

1차 산업을 넘어 가공과 서비스, 치유 등 고부가가치 생명산업으로, 미래 첨단산업이자 국가안보 산업으로 재해석되고 있다.

이러한 흐름 속에서 미래형 농업 구조로의 전환 가능성 또한 자연스럽게 모색된다. 스마트농업과 데이터농업은 생산의 효율성을 높이는 기술적 수단을 넘어, 농업의 불확실성을 줄이고 안정성을 높일 수 있는 하나의 방향으로 떠올려진다. 기술을 통해 농업의 과정을 보다 정밀하게 관리하고, 환경 변화에 유연하게 대응할 수 있는 구조는 농업의 지속성을 고민하는 과정에서 중요한 논의 대상이 된다.

장성의 농업 역시 이러한 전환의 흐름 한가운데에 놓여 있다. 이는 전통을 지우기 위한 변화가 아니라, 전통을 미래로 이어가기 위한 고민에 가깝다. 오랫동안 축적된 농업의 경험 위에 과학적 연구와 기술이 더해지고, 그 성과가 현장에 적용될 수 있을 때 농업은 새로운 가능성을 갖게 된다. 국립아열대작물 실증센터 등을 활용한 연구와 실증, 생산이 서로 단절되지 않고 연결되는 구조는 농업을 하나의 흐름으로 이어주는 중요한 조건으로 논의된다.

연구가 연구로만 머무르지 않고 농업의 현실과 만날 때, 농업은 보다 입체적인 산업으로 확장될 수 있다. 이러한 연계 구조의 강화 필요성은 농업의 지속 가능성을 이야기할 때 반복해서 언급되는 이유이기도 하다.

농업 인구 구조의 변화 역시 함께 고민되는 지점이다. 청년 농업인의 참여 확대는 단순한 인구 유입의 문제가 아니라, 농업의 미래 경쟁력과 직결된다. 기술 기반 농업은 농업을 보다 전문적이고 예측 가능한 영역으로 인식하게 만들 수 있으며, 이는 청년층의 농업 진입 가능성을 넓히는 하나의 조건으로 떠올려진다. 농업이 생계의 마지막 선택이 아니라, 하나의 직업이자 미래를 설계할 수 있는 경로로 인식될 수 있을지에 대한 고민이 이어진다.

기후변화에 대응하는 농업 모델에 대한 탐색도 중요한 흐름이다. 기온 상승과 재배 환경의 변화는 기존 농업 방식에 새로운 질문을 던지고 있으며, 아열대 작물 연구와 실증은 이러한 변화에 대비할 수 있는 방향으로 논의된다. 이는 단기적인 대안이라기보다, 미래 환경 변화에 대응할 수 있는 농업의 가능성을 미리 살펴보는 과정에 가깝다.

이 모든 논의는 하나의 결론을 서두르기보다는, 농업이 나아갈 수 있는 여러 방향을 차분히 살펴보는 과정이다. 미래 첨단 농업은 기술만의 문제가 아니라, 사람과 지역, 환경과 삶의 방식이 함께 공존할 수 있는 길을 찾는 일이다. 장성의 농업 역시 이러한 흐름 속에서 변화와 지속이 함께 가능한 방향을 조용히 그려가고 있다.

▲ 장성 황룡강 꽃강축제 풍경

3장

행복도시 장성을 그리다

도시는 단순히 건물로 완성되지 않는다.

그 안에서 살아가는 사람들의 하루가 도시의 얼굴이다. 아침이면 아이를 맡기기 위해 어린이집으로 향하는 부모들, 일을 마치고 문화센터에서 취미 활동을 즐기는 시민들, 병원을 찾아 건강을 확인하는 노년층의 발걸음 속에서 도시의 진짜 수준이 드러난다. 장성을 바라보는 기준 역시 이제는 시설의 수가 아니라, 삶이 얼마나 끊김 없이 이어지는가가 중심이 된다.

장성에서는 태어나고, 배우고, 일하며, 나이 들어가는 시간이 한 도시 안에서 자연스럽게 연결된다. 영유아들은 가까운 어린이집과 유치원에서 안전하게 자라고, 아이들은 장성의 학교에서 창의적이고 융합적인 교육을 받는다. 청년과 어른은 지역 내 일자리와 생활권이 맞닿은 곳에서 일과 생활을 병행하며, 노년층은 가까운 보건소와 경로당에서 존엄 있게 시간을 보낸다. 돌봄과 의료, 교육과 일자리가 흩어져 있지 않고 서로 연결될 때 삶은 안정된다.

도시의 행복은 누군가의 희생 위에 놓인 것이 아니라, 공동체가 함께 나누는 일상의 경험 속에서 쌓인다. 예를 들어, 맞벌이 부부의 어린 자녀를 위해 지역사회가 운영하는 돌봄 공동체와 공립 어린이집이 연계되고, 아이들이 성장하면 청소년센터와 도서관, 과학 체험 공간이 자연스럽게 이어진다. 어르신들은 가까운 보건소에서 건강 상담을 받고, 여가와 동아리 활동을 통해 사회적 관계를 유지한다. 세대가 분리되지 않고 함께 살아갈 때, 공동체는 힘을 얻고 도시의 숨결은 살아난다.

장성의 행복은 전 생애 주기형 돌봄과 복지 체계 속에서 구체화 될 것이다.

·영유아부터 어르신까지 이어지는 촘촘한 돌봄 서비스와 맞춤형 복지 프로그램이 하루를 안전하게 만든다.
·생활권 중심의 의료 접근성 강화로, 누구나 가까운 곳에서 병원과 보건 서비스를 누릴 수 있다.
·창의와 융합 중심의 교육 생태계가 미래 세대를 준비시키고, 지역 내 일자리와 주거, 학습이 연결된 지속 가능한 생활권이 삶의 균형을 만든다.

도시는 크기로 완성되지 않는다. 아이들의 웃음소리, 청년들의 일터, 노년의 존엄한 하루가 이어질 때 비로소 도시가 완성된다. 장성에서 사람들의 삶이 편안하고 풍요로워질 때, 이곳은 단순한 공간이 아니라 사람을 품는 행복도시로 자리 잡는다.

▲ 장성 축령산

4장

산업대전환의 흐름을 그리다

도시는 산업 위에 서 있다.

일자리가 사라진 도시는 오래 버티지 못하고, 미래를 준비하지 않은 산업은 도시를 떠난다. 장성 역시 변화의 갈림길 앞에 서 있다. 단순히 공장을 늘리고 기업을 유치하는 수준을 넘어, 도시의 체질과 주민들의 삶의 구조를 산업전환과 함께 새롭게 해야 한다.

산업 전환은 도시를 단단하게 하고, 사람들의 삶을 풍요롭게 만드는 근본적 변화이며, 세대를 잇는 미래 설계이기도 하다. 전통 산업을 존중하면서도 새로운 산업의 흐름을 더하는 일은 단순한 시설 확장이 아니다. 산업의 변화는 경제 구조를 바꾸고, 일자리의 성격을 바꾸며, 주민들의 일상과 선택까지 바꾸어 놓는다. 예를 들어, 에너지와 기술, 제조와 데이터가 결합한 산업 환경이 마련될 때, 청년들은 도시를 떠나지 않고 자신만의 길을 찾을 수 있으며, 장년층과 노년층은 안정된 생활 기반 속에서 삶을 이어갈 수 있다. 산업과 주거, 교육과 문화가 서로 연결될 때, 장성은 단순히 '일하러 오는 도시'가 아니라 '일하며 살아가는 도시'로 거듭난다.

미래 산업 기반 구축은 장성의 경쟁력을 좌우하는 핵심 전략이다. 에너지·배터리, 첨단 제조·데이터 산업을 중심으로 산업 구조를 전환하며, 기존 산업의 경험과 기술력 위에 새로운 기회를 쌓는다. 동시에 RE100 기반 친환경 산업 생태계를 조성해 안정적 전력 공급과 친환경 에너지 기반을 마련함으로써, 산업과 주민, 환경이 함께 지속 가능한 균형을 이루도록 한다. 이는 단순한 기술적 접근이 아니라, 장성의 경제적, 사회적 체질을 바꾸는 전략적 설계다.

기업과 주민이 함께 성장하는 산업도시는 일자리, 주거, 문화, 교육이 유기적으로 연결될 때 완성된다. 산업단지에서 창출된 양질의 일자리는 근처 주거지와 교육 환경, 여가 공간과 연결되어야 한다. 그래야 청년이 머물고 가족이 정착하며, 노년층도 존엄하게 살아갈 수 있다. 이러한 선순환 구조 속에서 산업은 도시를 살리고, 사람은 산업을 키운다. 청년들이 떠나지 않고 도시 안에서 자신의 미래를 선택할 수 있을 때, 장성의 산업 전환은 단순한 경제 전략을 넘어 도시와 세대를 이어주는 힘이 된다.

장성의 산업 전환은 이제 막 시작됐다. 미래 산업 기반을 다지고, 친환경 에너지와 첨단 기술을 접목하며, 기업과 주민이 함께 성장하는 구조를 만들고, 청년과 미래 세대가 선택할 수 있는 환경을 마련하는 것. 이것이 바로 산업대전환을 통해 그리는 장성의 미래다. 산업과 사람이 함께 호흡하며, 세대가 함께 살아 숨 쉬는 도시, 그 속에서 장성은 진정한 경쟁력과 지속 가능한 발전을 실현할 수 있다.

▲ 장성 백양사

5장

힐링도시를 그리다

도시는 오랫동안 속도를 요구받아 왔다. 더 빠르게, 더 많이, 더 크게. 그러나 성장의 속도만큼 사람의 마음은 따라가지 못했다. 장성은 이제 다른 질문을 받는다. 얼마나 잘 쉬고, 얼마나 회복할 수 있는가. 얼마나 삶 속에서 여유와 평온을 느낄 수 있는가. 단순한 경제 성장이나 시설 확장이 아니라, 사람과 도시가 함께 숨 쉬고 회복할 수 있는 환경이 진정한 도시의 힘임을 깨닫는다.

숲과 강, 산과 호수, 고요한 마을 풍경 속에서 사람은 숨을 고르고 스스로를 돌아본다. 자연은 치유의 공간이자 일상의 쉼터이며, 흩어진 경관이 서로 연결될 때 더 큰 힘을 발휘한다. 산책로와 숲길, 강변과 호숫가, 마을 골목과 문화 공간을 잇는 회복의 길은 단순한 관광 동선이 아니라 마음과 몸을 재충전하는 시간이다. 천천히 걷고, 잠시 앉아 쉬고, 충분히 머물며 사색할 때 사람은 스스로를 치유한다. 힐링은 짧은 체험이 아니라 삶 속에서 충분히 머무르고, 느끼고, 되돌아보는 과정에서 완성된다.

도시의 구조 또한 달라진다. 차량과 속도가 우선이던 공간은 사람이 중심이 되는 도시로 바뀌어야 한다. 잠시 멈춰서 쉴 수 있는 공간, 아무것도 하지 않아도 되는 여백, 햇살과 바람을 느낄 수 있는 장소가 일상의 일부가 될 때, 도시의 삶은 한층 가벼워지고 풍요로워진다. 장성은 사람들이 자연 속에서 회복하며, 서로를 만나고, 공동체 속에서 삶의 의미를 발견할 수 있는 도시로 설계되어야 한다.

자연과 사람, 문화와 경제는 서로 분리되지 않는다. 숲과 강, 호수를 연결한 자연 기반 힐링도시는 단순한 환경 개선을 넘어 삶의 방식을 바꾸는 전략이다. 체류형 관광을 중심으로 머무르고 회복할 수 있는 콘텐츠를 확장하면, 사람들의 방문이 곧 지역경제의 활성화로 이어진다. 문화와 힐링, 관광과 경제가 결합될 때, 도시 전체가 선순환 구조 속에서 성장한다. 치유와 휴식은 더 이상 부수적 기능이 아니라, 도시 브랜드의 핵심이며 장성의 경쟁력이 된다.

또한 장성의 힐링 전략은 모든 세대를 포괄한다. 어린이와 청소년은 자연과 문화 속에서 건강하게 성장하고, 일하는 세대는 일상 속 회복 공간에서 재충전하며, 어르신들은 존엄과 여유를 지닌 삶을 누린다. 자연 속 산책과 여유로운 체험, 문화와 관광을 통한 사회적 교류는 세대를 연결하며, 공동체의 힘을 강화한다.

도시는 빨라지기만 할 필요는 없다. 천천히 걸으며 숨을 고르고, 자연 속에서 머무르고, 서로를 만나는 시간 속에서 비로소 진짜 도시가 된다. 장성은 이러한 힐링 도시를 통해 주민과 방문객 모두가 마음과 몸을 회복하고, 삶의 질을 높이며, 미래 세대가 머무르고 싶은 도시로 성장할 것이다.

부록

• 김대중재단 장성지회장을 맡으며
• 언론에 비친 소영호

▲ 장성 백양사

부록

김대중재단 장성지회장을 맡으며

【22년 전 하의도면장이 정치에 입문하다】

2026년 1월 1일 새벽 6시 30분.

새해 첫날이라는 말이 아직 어울리지 않는 시간이었다. 서울 동작동의 공기는 날카롭게 얼어 있었고, 국립서울현충원의 새벽은 숨소리마저 조심스러울 만큼 고요했다. 칼바람은 옷깃을 파고들었고, 발끝의 감각은 서서히 사라졌다. 몸은 분명 추위 속에 있었지만, 마음은 오히려 이상하리만큼 또렷했다.

동녘 하늘이 아주 조금씩 붉은 기운을 띠기 시작했다. 밤과 낮의 경계가 갈라지는 그 짧은 순간, 김대중 대통령의 묘역은 말없이 그 자리에 서 있었다. 크지도, 화려하지도 않은 공간. 그러나 그 앞에 서는 순간, 나는 자연스럽게 고개를 숙일 수밖에 없었다.

한 사람의 무게가 이렇게 클 수 있다는 것을, 그제야 온몸으로 느꼈기 때문이다.

평민으로 태어나 권력의 한 가운데 섰던 사람. 수없이 죽음의 문턱을 넘나들면서도 끝내 민주주의를 포기하지 않았던 사람. 증오가 아닌 용서를, 분단이 아닌 평화를 선택했고, 그 선택으로 이 나라의 역사를 바꾼 사람. 김대중이라는 이름은 업적이 아니라 신념의 다른 이름이었다.

그날 나는 참배자로만 그 자리에 서 있지 않았다.

김대중재단 장성지회장으로서 임명장을 받기 위해, 그의 이름 앞에 다시 서 있었다.

영광이라는 말로는 부족했고, 책임이라는 말로도 다 담을 수 없었다. 가슴 한켠이 뜨겁게 차오르면서도, 동시에 묵직하게 가라앉았다. '이 자리에 설 자격이 있는가'라는 질문이, 내 안에서 조용히 울렸다.

이 순간이 처음은 아니었다. 내 인생에서 김대중이라는 이름은 이미 오래전부터 조용히 자리하고 있었다.

2003년 10월, 나는 전남 신안군 하의면장으로 발령을 받았다. 지도에 보일락 말락한 작은 섬이었지만, 그곳은 대한민국 민주주의의 뿌리가 숨 쉬는 땅이었다.

그때 나는 공직자였다. 정치가 아닌 행정의 자리에서, 김대중의 고향을 지키는 사람이었다.

생가 앞에서 묵념을 올리던 첫날의 감정은 아직도 잊히지 않는다. 말로 하지 않아도, 가슴속에서 분명히 울리던 다짐이 있었다.

이 고향에 누가 되지 않겠다. 이 이름 앞에서 부끄럽지 않겠다. 그 다짐은 그날 이후 내 삶의 기준이 되었다.

그리고 22년이 흘렀다. 나는 다시 김대중의 이름 앞에 섰다. 이번에는 지키는 사람이 아니라, 그분의 사상과 철학을 실천할 책임있는 사람으로.

김대중재단 신년 하례식이 열린 2026년 1월 1일, 오전 9시가 가까워지자 묘역의 공기는 조금씩 달라지기 시작했다.

새벽의 적막을 밀어내듯 현직 정치인들이 하나둘 모습을 드러냈고, 김대중이라는 이름이 여전히 현재 진형임을 증명하듯 그 자리는 금세 사람들로 채워졌다.

그들 가운데 가장 먼저 눈에 들어온 이는 박주민 의원이었다. 그는 홀홀단신으로 묘역에 올라 조용히 분향을 마친 뒤, 한참 동안 묵념에 잠겼다.

이윽고, 현장의 시선이 한곳으로 모였다. 정청래 민주당 대표와 최고위원들의 등장 순간이었다. 현실 정치의 한가운데에서 방향키를 쥐고 있는 여당 대표답게, 그의 걸음과 표정에는 주저함이 없었다.

그 자체로 존재감이었고, 이 자리가 갖는 정치적 무게를 말없이 드러내고 있었다.

황명선 민주당 최고위원과 박수현 수석대변인이 모습을 보였고, 이언주 최고위원에 이어 호남을 대표하는 정치인인 박지원, 서삼석 의원까지 합류하자 묘역은 그야말로 김대중 정치의 현재와 과거, 그리고 미래가 교차하는 공간이 되었다.

그날 가장 깊이 가슴에 남은 것은 화려한 말이 아니었다.

실사구시.
서생적 문제의식.
상인적 현실감각.
그리고 행동하는 양심.

김대중 대통령이 평생 붙들고 살았던 이 말들은, 낡은 구호가 아니라 오늘을 살아가는 정치에 대한 가장 정직한 주문이었다.

이상을 품되 현실을 외면하지 말 것, 원칙을 지키되 책임을 회피하지 말 것. 그 가르침은 그날 새벽, 차가운 공기 속에서 유난히 또렷하게 다가왔다.

2026년 첫날 아침, 권노갑 재단 이사장님께서 직접 김대중 선생의 묘소 앞에서 나에게 수여한 '김대중재단 장성지회장'의 직함은 실로 막중한 책무를 느끼게 만들었다.

임명장을 손에 쥐는 순간, 나는 스스로에게 다시 물었다. 나는 이 이름을 감당할 준비가 되어 있는가. 답은 아직 완성되지 않았다. 그러나 분명한 것은 하나였다. 김대중 정신을 지역에서 살아 움직이게 만드는 일, 그것이 이제 내게 주어진 길이라는 사실이다.

동작동의 새벽은 차가웠다. 그러나 그 차가움 속에서, 나는 오히려 뜨거운 다짐 하나를 품고 내려왔다. 김대중의 이름 앞에, 오늘도 내일도 부끄럽지 않게 서겠다고.

장성지회장 임명에 이르기까지 여러모로 마음을 보태 주신 분들께 깊이 감사드린다.

김대중재단 권노갑 이사장과 배기선 사무총장, 박상훈 부총장, 문희상 김대중 정치학교장, 이윤자 전 광주부시장님, 그리고 주정철 전남지회장을 비롯한 회원 여러분의 노고와 배려가 있었기에 이 자리에 설 수 있었다.

그 뜻을 마음에 새기며, 앞으로도 김대중 대통령의 정신을 성실히 계승해 나가고자 한다.

김대중재단

제 2026-조직001호

임 명 장

성명: 소 영 호

귀하를 김대중재단 전라남도 장성군지회 회장으로 임명함.

2026년 01월 01일

김 대 중 재 단
이사장 권 노 갑

▲ 김대중재단 장성군지회장 임명장

부록

언론에 비친 소영호

바쁘다 바빠!!!

소영호 전 목포부시장, 더불어민주당 전국농어민위원회 부위원장 임명

정책 행보 본격화

소영호 전 목포부시장의 정치적 행보가 정책 중심으로 본격화되고 있다.

장성군수 출마를 목표로 활동 중인 소영호 전 목포부시장은 지난 12일 더불어민주당 중앙당으로부터 전국농어민위원회 부위원장에 임명됐다. 앞서 1월 1일에는 김대중재단 장성지회장에 임명되며 새해 들어 연이어 정치적 중책을 맡았다.

소 전 목포부시장은 현재 더불어민주당 장성지역위원회 부위원장과 전남도당 부위원장 직책을 맡고 있으며, 지난해 8월 공직에서 명예퇴직한 뒤 정치에 입문한 지 불과 5개월 만에 중앙당 당직까지 더해지며 당 안팎에서 존재감을 빠르게 키우고 있다는 평가를 받고 있다.

전국농어민위원회는 농어업·농어촌 정책을 총괄하는 핵심 기구로, 소 전 목포부시장은 부위원장으로서 농어민 정책의 기획·조정·연결 역할을 맡아 ▲농어업인 소득 안정 ▲농산물 가격 안정 ▲수산자원 보호 ▲농어촌 정주 여건 개선 등 농어민 삶과 직결된 핵심 과제 발굴에 나설 계획이다.

또한 농어민 단체 및 현장 간담회를 통한 소통과 체계적 지역 의견 수렴을 바탕으로, 더불어민주당 정책위원회·국회와 연계한 입법·제도 개선을 추진하고, 농어민 조직과의 연대를 통해 정책 홍보와 참여 확대를 적극 추진할 예정이다.

소영호 전 목포부시장은 "농어민의 삶을 지키는 정책을 현장에서 만들고, 제도와 입법으로 완성하는 데 책임 있게 역할을 하겠다"고 밝혔다.

전국농어민위원회가 중점적으로 다루는 주요 의제로는 ▲공익직불제 및 직불금 확대 ▲농산물 가격 안정 장치 마련 ▲어업 자원 관리와 어민 소득 보호 ▲농어촌 인구 감소 대응과 청년 유입 ▲농어촌 의료·교육 여건 개선 등이 꼽힌다.

이번 임명은 농촌 출신인 소 전 목포부시장이 전남도 농축산식품국장 재임 시절 농업·농촌 현장을 중시하는 정책을 추진하며 '농도 전남'의 위상을 높이는 데 기여한 점이 높이 평가된 결과로 알려졌다.

앞서 임명된 김대중재단 장성지회장직 역시 상징성이 크다. 소 전 목포부시장은 재단 출범 이후 권노갑 이사장이 고(故) 김대중 대통령의 묘역에서 직접 지회장 임명장을 전달한 첫 사례로 기록됐다.

김대중재단은 당시 임명장 수여식에서 “소영호 지회장은 김대중 대통령 퇴임 직후인 2003년, 고향인 신안군 하의도에서 첫 면장직을 맡아 수많은 관광객과 정치인 방문을 슬기롭게 대응하며 주민 화합과 지역 자긍심을 이끌어냈다”며 “이 같은 행정 경험과 현장 중심의 리더십은 지금까지도 지역사회에서 미담으로 회자되고 있다”고 평가했다.

[출처] 코리아토픽뉴스/2026년 1월 15일(목)/ 표명수 기자

소영호, 김대중재단 장성지회장 임명 '새해 첫 영예'

권노갑 재단이사장, 김 대통령 묘소 하례식서 수여식
"김대중 선생의 정치철학 장성에 널리 선양하겠다"

김대중재단 장성군지회 회장에 소영호(56) 전 전남도 전략산업국장이 임명됐다.

권노갑 김대중재단 이사장은 1월 1일 오전 9시 서울 동작구 국립서울현충원 김대중 대통령 묘소에서 재단 신년 하례식을 갖고 소영호 전 국장에게 장성군 지회장 임명장을 수여했다.

이 자리에는 권노갑 김대중재단 이사장과 문희상 김대중정치학교장, 김옥두 전 사무총장, 배기선 재단총재 등 재단 관계자를 비롯, 정정래 더불어민주당 대표, 황명선 민주당 최고위원, 박수현 민주당 수석대변인, 박지원, 서삼석, 박주민, 이언주 의원 등 현역 정치인들이 대거 참석했다.

권 이사장은 하례식 현장에서 "올해는 병오년, 붉은 말의 해다. 어느 때보다 열정을 가지고 뛰어야 하는 시기다. 올해는 김

▲ 권노갑(오른쪽) 김대중재단 이사장이 지난 1일 서울 동작구 국립서울현충원 김대중 대통령 묘소에서 재단 신년 하례식을 갖고 소영호 전 국장에게 장성군 지회장 임명장을 수여하고 있다.

대중 선생의 철학과 사상, 그분의 정치적 기준이자 방침이었던 실사구시, 서생적 문제의식, 상인의 현실감각을 정치현장으로 이끌어 내야 하는 시기다. 이것이 바로 이재명 대통령이 추구하고 있는 실용주의 정책이다. 이런 과제를 실천하기 위해선 김대중재단을 중심으로 뭉쳐 행동하는 양심이 발현되기를 소망한다"고 말했다.

하례식에 이은 김대중재단 행사에서는 소영호 장성지회장 임명식과 주종섭 여수지회장 감사패 수여식이 열렸다.

권 이사장은 소영호 장성지회장 임명장 수여식에서 **"새해 정초를 맞아 김 대통령님의 묘소에서 장성지회장 임명식을 갖게 된 것은 아주 뜻깊은 일이다. 소영호 지회장은 공직 초기에 김대중 대통령의 고향인 하의도면장으로 발령을 받은 인연이 있다고 들었다. 아주 축하한다"**고 말하고 "이번 6월에 지방선거가 있는데 우리 민주당이 반드시 성공해야 한다. 민주당과 이재명 정부의 승패가 달려있다. 그러기 위해선 모두가 한 마음으로 뭉쳐주길 바란다"고 격려했다.

소영호 지회장은 "위대한 지도자인 김대중 대통령님의 묘역 앞에서 이렇게 임명장을 받아 무한한 영광입니다. 대통령님의 뜻을 기리고 선양하며 그분이 실천해오신 '행동하는 양심'에 어긋남 없는 길을 걷겠습니다"고 소감을 밝혔다.

김대중 재단은 김대중(1924~2009) 전 대통령 탄신 100주년을 1년 남긴 2023년 선생의 철학과 사상을 계승 발전시키고 널리 선양하기 위해 전국 조직으로 출범, 시도 지부와 시군 지부를 두고 운영되고 있다. 그 동안 공석이었던 장성군지회는 이번에 처음 출범했다. 김대중재단 산하에 운영중인 김대중 정치학교는 정치지망생을 대상으로 올해까지 제9기 수강을 마치며 미래 정치인을 양성하고 있다.

임명장을 받은 소영호 장성지회장은 지난해 8월 전남도 전략산업국장을 끝으로 명예퇴직, 올 6월 장성군수 선거 출마를 준비하고 있다. 1969년 생으로 장성중, 장성고를 졸업하고 1999년 지방행정고시에 합격, 신안군 하의면장을 시작으로 김영록도지사 비서실장, 전남도 행정기획관, 농축산식품국장, 목포부시장, 전남도 전략산업국장 등을 역임했다.

[출처] 광주타임즈/2026년 1월 14일(수)/ 이성만 기자

농업·AI·에너지… 전남 미래 전략 이끈 공직자

소영호 전 전남도 전략산업국장, '호남유권자연합 특별공로상' 영예

소영호(56) 전 전라남도 전략산업국장이 12일 열린 '호남유권자연합 2025년 송년회 및 시상식'에서 공직자 부분 특별공로상을 수상했다.

호남유권자연합(상임공동의장 이관형)은 5천여 명의 회원을 거느린 시민사회단체로 2000년부터 매년 한해 활동을 바탕으로 가장 괄목할만한 활동을 보인 정치인과 각계인사를 선정해 시상식을 갖고 있다.

소영호 전 국장은 지난 8월 명예퇴임했으나 전남도청 재임시절, 농정국장으로 있으면서 많은 농민들과 농촌 현장에서 소통하며 농업정책을 수립하고 미래 농업에 대비한 구체적인 전략을 추진해 왔다.

또 전략산업국장으로 있으면서 180만 전남 도민이 미래 나가야할 인공지능(AI)분야 정책, 신재생에너지 산업, 음식·문

▲ 소영호 전 전라남도 전략산업국장이 12일 열린 '호남유권자연합 2025년 송년회 및 시상식'에서 공직자 부분 특별공로상을 수상하고, 기념촬영을 하고 있다.

화·관광 연계 활성화 방안 추진 등 다양한 분야에 업적을 남겼다.

이관형 의장은 "재직 중 남긴 정책적 성과와 업적도 대단한 것이지만 공직자로서 지역민과 낮은 자세로 소통하려는 공인적 마인드와 업무에 공사를 분명히 가릴 줄 아는 투철한 생활철학이 시대에 귀감이 되고 있다"고 선정 의의를 밝혔다.

소영호 전 국장은 "지금은 초 스피드로 변하는 시대입니다.

지금 당장 대비하지 않으면 그대로 머문 것이 아니라 즉시 뒤처지는 시대입니다. 예를 들어 수천 년을 이어온 농업도 기후변화와 신기술, 세계적 추세, 새로운 아이디어로 무장하고 앞서 나가지 않으면 안됩니다"

소 전 국장은 변화하는 시대에 모든 분야에 있어서 지역적, 국가적 준비와 착수가 시급하다며 지역살리기에 큰 걸음으로 다가가겠다고 강조했다.

소 전 국장은 전남 장성 출생으로 장성중·장성고를 나왔으며 99년 지방행정고시에 합격한 뒤 김영록 전남도지사 비서실장을 비롯, 전남도 정책기획관, 농축산식품국장, 전략산업국장, 목포부시장 등 핵심정책을 담당해왔다.

[출처] 불교방송/2025년 12월 14일(일)/ 정종신 기자

| 무등일보 특별기고 |

도민 건강시대를 위한 의대 설립의 골든타임

소영호 전남도 농축산식품국장

힘차게 출항했던 민선 8기가 어느덧 반환점을 돌았다. '세계로 웅비하는 대도약! 전남 행복시대'를 기치로 쉼 없이 뛰어 괄목할만한 성과를 내고 있다고 자평한다.

2018년 7조원대였던 예산이 올해 12조9천억원으로 대폭 늘었다. 1인당 지역내총생산(GRDP)은 전국 4위, 가구소득은 역대 최고인 11위를 기록했다. 무엇보다 전남도의 미래 먹거리 산업이 다양해졌다. 이차전지, 풍력·수소, 문화콘텐츠, 데이터센터, 바이오산업 등이 기회발전특구와 국가특화단지 지정 등을 통해 획기적인 도약의 전기가 마련됐다.

농수산업과 관광, 철강과 석유화학에만 의존했던 과거의 전남이 아니다. 게다가 이들 분야도 고부가 친환경화를 통해 첨단산업으로 전환되고 있다. 농도 전남이 첨단 미래산업의 메카로 확실히 바뀌고 있다. 청년들에게 희망이 되고 있다.

최근 글로벌 바이오의약품 산업은 선진국의 각축장이 되고 있다. 연평균 11.5%로 성장하고 있고, 규모도 세계 반도체 시장과 맞먹는 수준이다. 성장 가능성을 오히려 더 크다. 그래서 정부도 국가전략산업으로 지정해 육성하고 있다.

국가첨단전략산업 바이오 특화단지로 화순군이 지난달에 선정됐다. 정부가 차세대 백신과 면역치료 연구개발, 전임상과 임상, 제품화 등을 지원한다. 화순이 바이오의약산업의 글로벌 허브가 될 계기가 마련된 쾌거다.

축하할 일이고 큰 성과지만, 이것만으로는 충분하지 않다. 마지막 퍼즐이 남아있다. 바로 전남에 의과대학과 대학병원을 설립하는 것이다. 이를 통해 우선 도민의 건강권을 보장할 수 있다. 감염병 대응력 강화로 보건 안보도 확보된다.

더불어 바이오의약산업의 게임체인저로서 의과대학과 대학병원의 역할이 최근에 훨씬 커지고 있다. 연구개발과 임상시험 지원, 의사 과학자 등 인력 양성 등은 지역 경쟁력의 핵심 요소다. R&D 예산도 대학과 병원에 집중되고 있다.

또한 전남은 5천여 종의 천연물과 해산물, 섬·산림·해양 등 비교우위의 바이오·치유자원의 보고다. 의대를 중심으로 광역 바이오헬스케어 클러스터를 구축하고 재생의료, 의료관광과 접목하면 지역의 새로운 성장동력이 될 수 있다.

그동안 전남도는 정부에 여러 차례 의대 신설을 요청했지만, 결국은 '어렵다'는 답 뿐이었다. 그런데 이번에는 의대 신설로 화답했다. "전남도가 대학을 정해주면 국립 의과대학 신설을 추진하겠다"고 약속했다.

최근 보건복지부 장관도 "전남도가 공모 절차를 최대한 빠르게 진행해 달라"며 신속한 추천을 거듭 강조했다. 너무 감사할 일이다. 천우신조, 이번 기회를 반드시 잡아서 도민의 건강과 경제적 안정을 도모해야 한다.

이렇듯 전남도의 대학 추천권은 정부에 의해 여러 차례 확인됐다. 더 이상 논쟁의 대상이 아니다. 모든 일에는 타이밍이 있다. 시기를 놓치면 일을 그르치게 된다. 갈등과 대립보다는 상생의 길을 찾아야 한다. 두 대학이 서로 원하고 있기에 공모 방식이 최선이라 생각한다.

전남도는 정부에 추천할 대학을 공모 방식으로 공정하게 선정하겠다고 밝히고 용역을 시작했다. 2026학년도에 전남의대 신설 정원 200명을 배정받기 위해 올해 안에 학교를 추천해야 하고, 마냥 합의를 기다리기에는 시간이 부족하기 때문이다. 많은 분들이 지켜보고 있다. 그만큼 공정한 평가가 이루어지리라 믿는다.

일각에서 전남도의 공모 철회를 요구하다가 이제는 공모와 상관없이 독자적으로 의대를 유치하겠다고 한다. 판을 깨겠다는 것으로밖에 보이지 않는다. 지역을 생각하는 심정은 일견 이해가 되지만, 정부가 전남도에 추천권을 준 이상 독자 유치를 정부가 수용할 리가 없다. 공모의 틀 안에서 당당하게 경쟁해야 한다.

정부가 보내준 '의대 버스'는 언제까지 기다리지 않을 것이다. 놓치고 후회하면 늦다. 누가 책임질 것인가? 책임질 수도 없다. 책임진다 해도 도민 건강과 바꿀수 없다.

의대 신설의 골든타임은 바로 지금이다. 선물처럼 주어진 의대설립의 불씨가 꺼지지 않도록 대학에서는 전남도를 믿고, '공모방식에 의한 정부 추천절차'에 적극 동참해 주길 바란다. 상생의 길을 함께 가야 한다.

의대가 설립돼야 도민들의 건강과 행복한 삶이 보장된다. 아울러 바이오의약산업이 지역의 새로운 성장동력으로 하루빨리 발전할 수 있기를 바란다.

[출처] 무등일보/2024년 7월 17일(수)/ 소영호 전남도 농축산식품국장

내 고향 장성을 그리다!

함께 그려갈 장성
이 책을 마치며
나는 다시 고향을 떠올린다.
특별한 장면이 아니라,
그저 평범한 하루의 장성을.
아침 햇살 아래 밭을 일구는 사람들,
골목을 천천히 지나가는 어르신의 발걸음,
학교를 오가는 아이들의 웃음소리.
장성은 언제나 그렇게 삶의 모습으로 존재해 왔다.

나는 이 책에서
무언가를 단정하려 하지 않았다.
확신을 말하기보다
질문을 남기고 싶었다.

고향은 누구의 것이며,
우리는 이곳에서 어떻게 함께 살아가야 하는가.
장성은 여전히 완성되지 않았다.

그래서 더 많은 손길과
더 많은 마음이 필요하다.
누군가 앞서 그려놓은 그림을 따라가는 것이 아니라,
각자의 자리에서 선을 보태야 할 시간이다.

이 책은 끝이지만,
장성의 이야기는 계속된다.
나는 그 곁에서
조금 늦더라도 방향을 잃지 않으려 한다.

말보다 행동으로,
속도보다 책임으로.
혹시 이 책을 덮으며

고향을 떠올린다면,
혹은 자신이 살고 있는 이 땅을
다시 바라보게 된다면,
그것으로 충분하다.

나는 오늘도
내 고향 장성을 그린다.
혼자가 아니라,
함께.

- 소영호 -

*이 책은 어떤 선택을 권하기보다, 고향에서 살아오며 느낀 마음과 생각을 조용히 나누고자 적은 기록입니다.